Reisewege Streiflichter der Begegnung

Bibliografische Information der Deutschen Nationalbibliothek.

Die Deutsche Nationalbibliothek verzeichnet
diese Publikation in der Deutschen Nationalbibliografie;
detaillierte bibliographische Daten sind im
Internet über http://dnb.dnb.de abrufbar.

Verlag:

BoD · Books on Demand GmbH,
Überseering 33, 22297 Hamburg, bod@bod.de

Druck:

Libri Plureos GmbH, Friedensallee 273,
22763 Hamburg

Titelfoto: erstellt mit OpenAI-DALL·E
Fotos: Carlo Lanners / OpenAI
Gestaltung: Carlo Lanners

ISBN: 978-3-7693-8984-5

Carlo Lanners

Reisewege
Streiflichter der Begegnung

Der wahre Reisende ist kein Sammler von Zielen,
sondern ein Sammler von Momenten.

1. Auflage

Inhaltsverzeichnis:

Philosophie der Begegnung

Reisen ist weit mehr als Bewegung von einem Ort zum anderen. Es ist ein Dialog mit der Welt, mit dem Zufall, mit der eigenen Geschichte. Wer reist, begegnet nicht nur neuen Landschaften, sondern auch anderen Menschen – und vor allem sich selbst. Doch diese Begegnungen sind keine Selbstverständlichkeit. Sie setzen voraus, dass man sich nicht nur fortbewegt, sondern auch innehalten kann.

Es gibt zwei Arten zu reisen: Die eine ist eine Flucht, die andere eine Suche. Der Unterschied liegt nicht im Ziel, sondern in der Haltung. Wer flieht, vermeidet. Wer sucht, öffnet sich. Begegnungen entstehen nicht durch Geschwindigkeit, sondern durch Offenheit – für das, was geschieht, für die Worte eines Fremden, für die unerwartete Schönheit eines Ortes, der in keinem Reiseführer steht.

Stillstand ist in unserer Gesellschaft oft mit Unbehagen verbunden. Doch manchmal ist es gerade das Warten, das einen weiterbringt. Ein Bahnhof, an dem kein Zug fährt. Eine Verspätung, die Raum für ein Gespräch schafft. Eine Reise, die nicht nur Orte verbindet, sondern Gedanken. Reisen bedeutet nicht nur, eine Distanz zu überwinden, sondern auch eine Nähe zuzulassen – zur Fremde, zu anderen, zu sich selbst.

<u>Der wahre Reisende ist kein Sammler von Zielen, sondern ein Sammler von Momenten.</u>

Er bewegt sich nicht, um irgendwo anzukommen, sondern um das Unterwegssein selbst als Zustand zu begreifen.

Denn wer nur in der Ankunft den Sinn sieht, wird immer ankommen, aber nie wirklich da sein. Wer aber das Unterwegssein als Begegnung begreift, erkennt, dass jeder Schritt ein Ziel sein kann. So wird Reisen zur Lebensphilosophie. Und vielleicht zur schönsten Form, die Welt zu verstehen.

Der Reisende

Der Zug ruckte sanft, als ob er sich durch einen zähen Gedanken bewegte. Es war der 24. Dezember, ein Tag, an dem andere Menschen sich versammelten, während er allein im Abteil saß und an vergessenen Bahnhöfen vorbeiglitt. Seit ein paar Jahren reiste er an diesem Abend. Anfangs aus Enttäuschung, dann aus Gewohnheit.

Er betrachtete die vorbeihuschenden Landschaften, als wären sie Schatten einer anderen Zeit. Die Bäume wirkten gespenstisch im Nebel, als streckten sie die Arme nach ihm aus, um ihn festzuhalten. Doch der Zug fuhr weiter, und er der Reisende blieb in Bewegung – wie immer.

Er hatte die Enkel beim letzten Mal gefragt, was sie sich wünschten. Er erinnerte sich an ihre leuchtenden Augen, in denen eine unschuldige Gier lag – eine Vorfreude auf das, was glänzen und rascheln würde. Sie liebten ihn, ja. Aber sie verstanden ihn nicht. Und er verstand sie nicht mehr.

Er erinnerte sich an ein vergangenes Weihnachtsfest, an dem die Enkelkinder die Geschenke aufgerissen hatten, ohne die Schleifen zu lösen. Es hatte ihn abgestoßen – dieses hastige Entblättern von Dingen, die keine Bedeutung hatten. Er sah in ihnen nicht das Glück, sondern das Fehlen von etwas Tieferem.

Seine Kinder hatten eigene Vorstellungen von Weihnachten entwickelt, effizient und modern. Doch ihm waren diese Feste fremd geworden. Die Gespräche wirkten einstudiert, die Rituale leer. Er fühlte sich dort wie ein Besucher in seinem eigenen Leben.

War es Egoismus, dass er sich dem entzog? Oder Weisheit? Er dachte an die Bücher, die ihn seit Jahren begleiteten – an jene Geschichten über Menschen, die Türen durchschreiten und dahinter immer neue Wände finden. Figuren, die sich verlieren in langen Korridoren und fremden Städten, denen der Ausgang fehlt. In ihnen erkannte er etwas von sich selbst.

Der Zug verlangsamte seine Fahrt. Er sah eine kleine Station im Nebel auftauchen. Kein Mensch war zu sehen. Nur ein alter Hund, der an einem Laternenpfahl schnupperte und dann wieder verschwand. Er fühlte sich wie dieser Hund – ein Wanderer ohne Ziel, dessen Spuren vom Wind verweht wurden.

Zweimal hatte der Tod ihm eine Frau genommen. Nun kehrten seine Gedanken zu ihnen zurück – den Frauen, die die Familie zusammengehalten hatten. Nach ihrem Tod klammerte er sich eine Weile an die alten Rituale, als könnten sie den Verlust lindern. Doch mit jedem Jahr verblassten sie mehr. Irgendwann konnte er es nicht mehr ertragen.

Er ging. Heiligabend war nicht mehr sein Fest.

Er nahm das alte Buch zur Hand, das ihn schon so lange begleitete. Die Seiten waren abgegriffen, an manchen Stellen unterstrichen. Kein Zufall, dass er immer wieder zu diesen Geschichten zurückkehrte – zu jenen, in denen Menschen durch fremde Städte irrten, auf Briefe warteten, die niemals zugestellt wurden.

Ein Paar betrat das Abteil und ließ sich ihm gegenüber nieder. Sie trugen Mäntel, die nach nassem Laub rochen, und sprachen leise miteinander. Als der Mann ihr etwas zuflüsterte, lachte die Frau leise. Sie sah kurz zum Reisenden hinüber, fast entschuldigend, als wolle sie sich für ihr Glück rechtfertigen. Er nickte kaum merklich – eine stille Zustimmung. Ihr Lächeln wurde sanfter. Dann wandte sie sich wieder ihrem Begleiter zu. Die Nähe der beiden erinnerte ihn an die Zeit, als auch er so gesessen hatte – neben seiner Partnerin, die seine Sätze vollendete, noch bevor er sie ausgesprochen hatte. Es war diese Nähe, die er vermisste – nicht die Feste, nicht die Geschenke. Sondern das Wissen, dass jemand seine Bewegungen bemerkte, selbst die kleinsten.

Jetzt fiel es niemandem auf, wenn er ein Glas umkippte oder sich beim Sprechen verschluckte. Vielleicht war es genau dieses Gefühl, das ihn reisen ließ: die Hoffnung, in der Bewegung unsichtbar zu bleiben und sich zugleich doch bemerkbar zu machen.

Der Zug setzte sich wieder in Bewegung, und er beobachtete, wie die Station im Nebel verschwand. Es war, als hätte es sie nie gegeben.

Er erinnerte sich an das Gespräch mit seinem Sohn. „Jeder sollte machen wie er will. Du brauchst Zeit für dich", hatte der Sohn gesagt. Es war eine Entschuldigung gewesen – für beide. „Und du?" hatte er damals gefragt. Doch die Antwort war ausgeblieben.

Er blickte hinaus in die Dunkelheit. Der Nebel war dichter geworden, und in der Ferne sah er die Lichter einer kleinen Stadt. Er stellte sich vor, wie dort Menschen um Tische saßen, lachten und tranken, als wäre die Zeit für einen Abend angehalten worden.

<u>Vielleicht war es Egoismus, sich dem zu entziehen. Vielleicht war es Weisheit oder die Einsicht, dass Bindungen nicht an Tagen festgemacht werden konnten, sondern an Blicken, die sich begegneten, und Worten, die unausgesprochen blieben?</u>

Das Paar vor ihm verstummte. Er spürte, wie ihn die Müdigkeit überkam. Morgen würde er an einem Ort sein, der ihm ebenso fremd sein könnte wie jeder andere.

Doch vielleicht lag genau darin die Freiheit – in der Möglichkeit, sich selbst in der Fremde neu zu begegnen.

Der Zug rollte weiter, und das gleichmäßige Murmeln der Räder vermischte sich mit den gedämpften Stimmen des Paares ihm gegenüber, deren Worte in einer ihm fremden Sprache perlten – als Tropfen, die an ihm abglitten, ohne wirklich einzudringen. Halb wach, halb fortgetragen von diesem Klangteppich, dachte er: Vielleicht besteht das Leben genau daraus – aus Stimmen, die kurz aufleuchteten wie Funken in der Dunkelheit, nur um dann wieder zu vergehen.

Für einen Moment fühlte er sich leicht.

Doch die Frage blieb.

Die Lapplandreise

Zwischen Halt und Weiterfahrt

Pünktlich um 8:07 Uhr rollte der Zug aus Malmö in Richtung Stockholm. Mein Fensterplatz – mit Bedacht gewählt, um die schwedische Landschaft wie einen Film an mir vorbeiziehen zu lassen – entpuppte sich als ironische Enttäuschung. Ähnlich wie bei der deutschen Bahn hatte die schwedische Snabbtåg Gesellschaft eine eigenwillige Vorstellung davon, was ein „Fensterplatz" sein sollte. Mit einem Anflug von Sarkasmus taufte ich ihn insgeheim auf „reserviert für Sehbehinderte". In Fahrtrichtung sitzend, war meine Aussicht auf die Welt hinter Glas durch eine unscheinbare graue Seitensäule verstellt.

Ich hätte den Platz wechseln können – sicher hätte sich irgendwo eine bessere Perspektive gefunden. Doch ich blieb sitzen. Vielleicht aus einer trügerischen Höflichkeit, die ohnehin niemand bemerkt hätte. Oder weil der Gedanke, die Welt nur in Fragmenten zu sehen, auf seltsame Weise reizvoll war. Als wäre sie ein unvollendetes Puzzle, dessen Lücken genau das sind, was uns dazu bringt, weiterzusuchen.

Die Fahrt verlief ruhig, bis der Zug in Hästveda zum Stehen kam. Ein Unfall auf der Strecke, hieß es in der Durchsage. Keine weiteren Erklärungen. Nur ein Halt an einem Ort, der so still und verlassen wirkte, dass er mir fast unwirklich erschien.

Die Minuten dehnten sich, wurden zu einer Stunde, dann zu anderthalb. Niemand beschwerte sich. Die meisten blieben auf ihren Plätzen. Einige wagten sich nach draußen, führten ihre Hunde spazieren. Ich beobachtete sie durch die Fensterscheibe – die Tiere, wie sie mit gesenkten Köpfen an den Lampen-pfählen schnüffelten, als könnten sie dort Antworten finden, die uns verborgen blieben.

Eine ältere Frau lief bereits zum dritten Mal am Zug entlang. Ihr kleiner Terrier zuckte bei jedem Geräusch zusammen. Ein Mann mit einem Labrador stand reglos am Rand des Bahnsteigs, als würde er innerlich die Zeit stoppen – als hinge alles von einem Countdown ab, den nur er hören konnte.

Ich versuchte zu lesen, doch die Buchstaben verschwammen. Stattdessen fiel mein Blick auf das Sitzmuster vor mir. Grauer Stoff, durchzogen von feinen Linien, die mich an Zellstrukturen erinnerten – kleine Einheiten, gefangen in ihren Grenzen.

Das Abteil war still. Ab und zu das Knacken eines Handys, ein leises Telefonat oder das Poltern einer Tasche, die aus dem Gepäckfach rutschte. Ich fragte mich, wann die Geduld der Menschen reißen würde. Doch noch blieben alle ruhig. Fast zu ruhig. Als hätte dieser erzwungene Stillstand etwas in ihnen freigesetzt – eine Art Gelassenheit, die sich jedoch brüchig anfühlte. Ein Mann in meinem Gang schälte eine Banane. Das leise Reißen der Schale klang im Abteil unverhältnismäßig laut. Er aß als sei dies seine letzte Mahlzeit.

Zwei Reihen weiter flüsterte ein Paar miteinander. Die Frau trug einen dicken, grünen Wollpullover, der nach Mottenkugeln roch. Sie hielt die Hand ihres Begleiters fest, als müsste sie ihn daran hindern aufzustehen – als könne allein ihre Berührung ihn davon abhalten, den Wagen zu verlassen.

Ich fragte mich, ob irgendjemand im Zug tatsächlich einen wichtigen Termin hatte. Ob jemand in Stockholm wartete und nun selbst in der Zeit hängen blieb. Doch niemand sprach es aus. Alle schienen sich dieser zufälligen Gemeinschaft gefügt zu haben – Fremde, die gemeinsam festsaßen, ohne zu wissen, wann es weiterging.

Draußen zogen die Hunde ungeduldig an den Leinen. Ihre Rastlosigkeit berührte mich. Vielleicht, dachte ich, verstanden sie mehr als wir. Dass Stillstand keine bloße Pause ist, sondern eine Grenze – ein Moment, in dem Bewegung aufhört, verlässlich zu sein.

Eine zweite Durchsage erklang. Die Stimme des Zugführers blieb bemüht ruhig, doch seine Worte ließen erkennen, dass es dauern könnte. Ein Seufzen ging durch den Wagen, gedämpft, wie ein einziges gemeinsames Atemholen. Die Frau mit dem Wollpullover begann, einen Apfel aus ihrer Tasche zu schälen. Der Mann mit der Banane faltete die Schale ordentlich zusammen und stopfte sie zurück in die Papiertüte.

Ich fragte mich, was geschehen würde, wenn wir hier die Nacht verbringen müssten. Ob diese zufällige Gelassenheit halten oder bröckeln würde – ob Gespräche aufbrechen oder die Gedanken schwerer werden würden. Mein Blick fiel auf die graue Säule neben mir. Vielleicht hätte ich einen besseren Blick gehabt, wenn ich meinen Platz gewechselt hätte. Doch ich blieb sitzen. Schloss kurz die Augen und öffnete sie erst wieder, als draußen ein Hund bellte. Ein scharfer Laut, der in der Luft hängen blieb. Ich schaute hinaus – der Bahnsteig war leer. Nur die Leine eines Hundes schlug leise gegen die Holzbank am Wartehäuschen.

Wir warteten. Alle warteten. Und während der Zug weiter still-stand, dämmerte mir, dass es nicht immer die Bewegung ist, die uns verändert – manchmal ist es das Warten selbst.

Der Blick zurück

Die Vorfreude auf meine Reise nach Lappland war groß gewe-sen. Schon Wochen zuvor hatte ich mir ausgemalt, wie der Zug mich durch immer wildere Landschaften tragen würde – vorbei an schneebedeckten Wäldern, zugefrorenen Seen und einsamen Gehöften, die wie stille Inseln im Weiß lagen. Ich hatte erwartet, die Veränderung zu spüren, sie mit den Augen aufzusaugen, während die Zivilisation langsam hinter mir zurückblieb und der Norden mich mit offenen Armen empfing. Doch seit Malmö hat-te ich hinter dieser grauen Säule gesessen, die mir die Sicht ver-sperrte. Anfangs versuchte ich, es mir schönzureden und wandte meinen Blick durch das Zugfenster gegenüber, schließlich war die Landschaft auch so beeindruckend.

Tags darauf, auf dem Weg von Stockholm nach Sundsvall, saß ich gegen die Fahrtrichtung – am Fenster, fast möchte ich sagen an einem Panoramafenster, so weit entfernt von dem „Fenster-platz" am Vortag, der mir vorgekommen war, als säße ich hinter schwedischen Gardinen, denn genau so hatte ich mich dort ge-fühlt.

Weite Felder verloren sich im morgendlichen Dunst, Wälder la-gen wie Schattenbänder am Horizont. Doch je länger ich dort saß, desto stärker wurde das Gefühl, etwas zu verpassen. Es war mühsam, die Bilder festzuhalten, die allzu schnell an mir vorbeizogen. Sie lösten sich auf, kaum dass ich sie erfassen konnte – wie Träume, die beim Erwachen verblassen.

Ich beobachtete die anderen Passagiere. Viele saßen in Fahrtrichtung, ihre Blicke nach vorne gerichtet. Sie sahen, was kam, während ich nur sporadisch sah, was ging. Es war ein seltsames Gefühl – fast so, als sei ich nicht wirklich unterwegs, sondern nur dabei, mich von etwas zu entfernen.

Der Zug ratterte weiter, schlängelte sich durch die Weite Schwedens, während ich mit meinen Gedanken kämpfte. Vielleicht war es das Tempo, das mich aus dem Gleichgewicht brachte – dieses stetige Vorwärts, das mich zwang, zurückzuschauen.

Oder lag es daran, dass ich in dieser Reise mehr sah als nur Kilometer? War sie nicht auch ein weiterer Versuch, mich selbst neu zu verorten – irgendwo zwischen Aufbruch und Ankunft, zwischen Vergangenheit und Zukunft? Mit der Zeit begann ich, meine Perspektive zu hinterfragen. Was, wenn diese rückwärtsgewandte Fahrt nicht Verlust bedeutete, sondern Erinnerung? Was, wenn sie mich zwang, die Spuren zu sehen, die ich hinterließ – statt nur auf das zu starren, was vor mir lag?

Als wir die Wälder Lapplands erreichten und das Licht langsam weicher wurde, ließ ich den Gedanken zu. Vielleicht war es gar nicht so schlimm, den Blick zurück zu richten. Manchmal, so kam es mir vor, müssen wir uns daran erinnern, woher wir kommen, um zu verstehen, wohin wir unterwegs sind.

Der Zug ratterte weiter, und draußen glitten die Landschaften lautlos vorbei. Ein Birkenhain im Schnee, ein zugefrorener Fluss, der sich wie ein silbernes Band durch das Weiß schlängelte. Und obwohl ich wusste, dass ich vieles verpasst hatte, spürte ich plötzlich, dass ich genau dort war, wo ich sein sollte – auf einer Reise, die mich nicht nur durch den Norden führte, sondern auch diesmal ein weiteres Stück zurück zu mir selbst.

Ein Wintermärchen im Norden

Von Umaiå nach Haparanda erlebte ich einen Vorgeschmack auf
Lappland in seiner reinsten Form – und das bei strahlendem Wetter. Der Zug schnitt eine Schneise durch endlose, schneebedeckte
Tannenwälder, so still und unberührt, dass es fast unwirklich
schien. Doch das eigentliche Schauspiel lieferte der Himmel

Gegen 9:30 Uhr wagte sich die Sonne endlich hervor – ein zö-
gerndes Rot, das unter einer dünnen, fast durchsichtigen Wolkendecke hervorlugte, als wollte sie sich nicht allzu sehr zeigen. Fast
schien es, als wäre ihr der Blick auf diese Welt unangenehm – als
könne sie das Elend, das ihr zu Füßen lag, nicht ertragen. Behutsam stieg sie ein Stück höher, und mit ihr wuchs das Licht. Erst
tauchte es die Landschaft in sanftes Violett, dann in ein kühles,
klares Blau – ein Farbenspiel, so vergänglich wie ein Traum.

Es war ein leiser Tanz der Farben, der mich unweigerlich an die
Phasen des Lebens erinnerte. Das warme Rot – wie die Jugend,
voller Leidenschaft und ungestümer Energie. Das Violett – wie
die Reife, ein Moment der Tiefe und Reflexion. Und schließlich
das Blau – ein Farbton, der an Klarheit und Ruhe erinnert, fast
wie ein leiser Abschied. Ich fragte mich, ob es nicht genau diese
Übergänge waren, die das Leben ausmachten – und ob wir, ähnlich der Sonne, irgendwann unseren Zenit erreichen und lernen
müssen, das Licht langsam zurückzugeben.

Gerade, als dieser Gedanke mich vollends einzunehmen drohte, geschah etwas, das mich zurück in den Moment riss. Am Rand eines zugefrorenen Moores, zwischen den dunklen Baumstämmen, bewegte sich plötzlich etwas. Ich brauchte einen Moment, um die Silhouetten zu erkennen – drei Elche. Majestätisch und völlig unbeeindruckt vom vorbeirauschenden Zug standen sie da, als wären sie Teil der Landschaft selbst.

Ich war wie gebannt. Diese Tiere, die so oft mit Wildheit und Freiheit assoziiert werden, wirkten hier oben wie Wächter einer stillen, unberührten Welt. Während die Sonne ihren kurzen Lauf über den Horizont machte, standen sie reglos im Schnee – als wüssten sie um die Flüchtigkeit des Tages und hätten längst gelernt, ihr zu trotzen.

Die Elche schienen mir plötzlich wie ein Sinnbild für jene Beständigkeit, die ich zuvor in den Wäldern gespürt hatte. Während Licht und Farben wechselten, während sich das Leben in seinen ewigen Zyklen drehte, blieben sie einfach da – still, wachsam und vollkommen gegenwärtig.

Der Zug raste weiter durch die verschneite Landschaft und die Tiere verschwanden aus meinem Blickfeld, doch ihr Anblick blieb in mir haften. Sie erinnerten mich daran, dass es nicht immer das Vorwärtsstreben ist, das zählt. Manchmal liegt die wahre Kraft im Innehalten – darin, den Augenblick zu spüren, auch wenn er vergänglich ist.

Nach nicht einmal drei Stunden wurde der Sonne der Blick auf diese friedliche Landschaft schon wieder verwehrt, und das Farbenspiel vollzog sich erneut – diesmal rückwärts. Vom Blau ins Violett, dann ins Rot, bis die Nacht zurückkehrte und Lappland wieder in seine winterliche Stille tauchte.

Doch in meinem Kopf leuchteten die Bilder weiter: die tanzenden Farben, die majestätischen Elche und das kurze, strahlende Licht, das wie ein Versprechen auf den nächsten Tag wirkte. Der Zug ratterte weiter, aber ich fühlte mich, als hätte ich für einen Moment mitten im Herzen Lapplands gestanden – einem Ort, an dem Zeit keine Rolle spielt und das Leben in seinem reinsten Rhythmus pulsiert.

Ein Bahnhof am Rande der Welt

Die Grenze zwischen Schweden und Finnland hatte ich erreicht – Haparanda und Tornio, die beiden Grenzstädte, liegen nur einen Steinwurf voneinander entfernt, verbunden durch eine gemeinsame Geschichte und eine Zugstrecke, die längst mehr Symbol als tatsächliche Verbindung ist.

Diese Schienen, dachte ich, mussten einmal von Bedeutung gewesen sein – als Brücke zwischen zwei Welten. Doch heute? Heute rollte kein einziger Zug über diesen Abschnitt. Weder die schwedische noch die finnische Bahn schienen sich für diesen Grenzübergang zu interessieren. Stattdessen stand ein lokaler Bus bereit, als hätte jemand meinen Mangel an Planung geahnt. Ohne großen Zeitverlust brachte er mich bis zur Grenze – oder zumindest dorthin, wo in meiner Vorstellung der Bahnhof sein sollte, doch nun erst begann die Wirklichkeit.

Der Bus ließ mich an einem Einkaufszentrum aussteigen. Menschen schoben Einkaufswagen über den vereisten Parkplatz, es roch nach Fast Food und Diesel, und während ich noch überlegte, wie ich von hier weiterkommen könnte, spielte das Schicksal mir ein kurioses Szenario zu.

Ein Taxi hielt direkt vor mir. Der Fahrer, ein stämmiger Mann mit wettergegerbtem Gesicht, half einem älteren Paar mit Rollator aus dem Wagen. Ich zögerte keine Sekunde und sprach ihn an: „Können Sie mich zum Bahnhof Tornio-Itäinen bringen?" Er sah mich kurz an, dann erschien ein schelmisches Grinsen auf seinem Gesicht. Ohne ein Wort zu verlieren, nickte er und öffnete bereits den Kofferraum. Ehe ich mich versah, war mein Gepäck verstaut ich saß auf dem Beifahrersitz und schlug die Tür zu.

Ich fühlte mich erleichtert – zumindest für den Moment. Doch diese Erleichterung wich bald einem Staunen, das irgendwo zwischen Unglauben und Komik pendelte. Der Fahrer hielt an einem Ort, der so gottverlassen war, dass er mir wie eine Filmkulisse vorkam – ein einziger Bahnsteig, flankiert von einem Gleis, das in beide Richtungen im Nichts verschwand. Fünf Lautsprecher baumelten an Masten, als müssten sie die Leere beschallen, und eine moderne Zugzielanzeige verkündete mir nüchtern, dass mein Zug erst in zwei Stunden eintreffen würde.

Ich war angekommen – mitten in einer grauen Industriezone, umgeben von Lagerhallen, Zäunen und dem dumpfen Brummen ferner Maschinen. Der Taxifahrer verlangte 20 Euro für diese Irrfahrt, was in diesem Moment weniger wie ein Fahrpreis und mehr wie ein Eintrittsgeld zu einem absurden Theaterstück wirkte. Er ließ mich mitsamt Gepäck stehen und verschwand so schnell, wie er aufgetaucht war.

Zwei Stunden. Die Umstände hatten ergeben, dass ich gegen besseres Wissen viel zu früh hier war und hätte der niedliche gut beheizte Bahnhof der in meiner Phantasie bestand mir Schutz bieten können, wäre es absolut kein Problem gewesen. Doch keine Gaststätte, kein warmer Unterschlupf, nicht einmal ein Wartehäuschen, das diesen Namen verdient hätte. Nur Kälte und der unbarmherzige Wind, der über das leere Gleis fegte. Ich ging den Bahnsteig entlang, der sich wie ein Niemandsland in die Länge zog – gefühlte zwei Kilometer, die nichts als Zeit und Stille boten.

In solchen Momenten scheint die Welt stillzustehen. Ich fragte mich, wie oft ahnungslose Menschen hier gestrandet waren, wie viele auf ihre Züge warteten, ohne zu wissen, wann sie wirklich ankamen – nicht nur physisch, sondern auch innerlich. Vielleicht lag darin die wahre Bedeutung von Reisen: sich selbst irgendwo zwischen den Stationen zu finden, im Übergang, wo nichts festgelegt ist und alles offen bleibt.

Doch während die Minuten verstrichen, kehrte mein Pragmatismus zurück. Ich überprüfte mein Ticket, suchte Schutz vor dem Wind hinter einem Betonpfeiler und dachte über die Ironie nach, dass dieser hypermoderne Bahnhof nichts als Leere bot – eine Schnittstelle zwischen Ländern und doch ein Ort, der sich eher nach Stillstand als nach Verbindung anfühlte.

Langsam setzte die Dämmerung ein, und die graue Industriezone wirkte noch trostloser. Meine beiden Trolleys – ja, mittlerweile sind es deren zwei, denn eine kleine Winterausrüstung war in Lappland unverzichtbar – ratterten auf der Suche einer annehmbaren Lösung, hinter mir her, mal schlitternd über das Eis, mal widerwillig gegen den Kies ankämpfend. Ich fühlte mich wie ein Reisender aus einer anderen Zeit, gestrandet an einem Bahnhof, den die Welt längst vergessen hatte.

Nach etwa 300 Metern tauchte ein Lichtschein auf – eine Tankstelle. Der gelbliche Schein ihrer Leuchtreklame war kein Versprechen, aber immerhin ein Zufluchtsort. Ich zog meine beiden

Begleiter über den vereisten Parkplatz und schob die Tür auf. Warme Luft schlug mir entgegen, und mit ihr eine unerwartete Erleichterung.

Die Kassiererin, eine Frau mittleren Alters mit einem freundlichen Gesicht, blickte kurz auf und lächelte. Ich erklärte ihr meine Lage, schilderte das unfreiwillige Abenteuer mit dem ersten Taxi und bat sie schließlich, mir doch bitte ein weiteres zu rufen. Sie hörte geduldig zu, schien sich über meine Erzählung zu amüsieren, und griff dann ohne viele Worte zum Telefon.

Während ich darauf wartete, dass die Verbindung aufgebaut wurde, kramte ich bereits in meiner Tasche. Ich rechnete fest damit, für den Anruf einen saftigen Preis zu zahlen – in solchen Momenten ist man schließlich bereit, fast alles zu akzeptieren. Als sie auflegte und mir ein beruhigendes Nicken schenkte, verlangte sie satte zwei Euro – ihr Tarif für ein Ortsgespräch. Wie gesagt, in solchen Momenten ist man bereit jeden Preis zu zahlen. Ich hätte sie am liebsten umarmt.

Zehn Minuten später rollte ein Taxi vor die Tankstelle. Der Fahrer war ein molliger, älterer Herr, dessen Lächeln freundlich, aber wortlos blieb. Er sprach nur Suomi, doch unsere Verständigung funktionierte trotzdem. Mit einem Nicken wies er auf den Kofferraum, und meine beiden Trolleys verschwanden darin, bevor ich mich auf den Beifahrersitz sinken ließ. Die Fahrt nach Kemi führte mich über verschneite Straßen, vorbei an verstreuten Häusern, deren Fenster wie kleine Lichtinseln in der Dunkelheit glommen. Aus den Schloten einer nahen Papierfabrik quoll dichter, weißer Rauch, der vom Schnee darunter angestrahlt wurde – als hätten sich Wolken entschlossen, kopfüber zu schweben.

Der Fahrer, ein Mann von freundlicher Entschlossenheit, bemühte sich nach Kräften, mir etwas zu erklären. Er hatte schnell bemerkt, dass diese Szene meine Aufmerksamkeit gefesselt hatte. Dreimal wiederholte er seine Worte, jedes Mal ein wenig lauter, als könne er mir die Bedeutung einhämmern, wenn schon nicht mit Sprache, dann wenigstens mit Nachdruck. Aus dem vielschichtigen Klangteppich der finnischen Laute schälte sich schließlich ein Wort heraus – „Zellulose". Damit war das Rätsel gelöst: also eine Papierfabrik, wie ich geahnt hatte. Anschließend sprach er sehr langsam, wiederholte das Wort und sah mich an. Sein Blick fragte: ‚Hast du es verstanden?' Ich nickte. Er nickte zurück. Dann konzentrierte er sich wieder auf die Straße, als wäre nichts geschehen. Doch für mich war es ein Gespräch – eines ohne viele Worte, aber mit Verständnis.

Den Tag ließ ich noch einmal Revue passieren – die Zugverbindung, die keine war, der Bahnhof in der Pampa, die Tankstelle als rettender Anker und jetzt dieses Taxi, das mich durch die Nacht brachte. Es waren genau diese Brüche, die das Reisen so unberechenbar und gleichzeitig so lebendig machten.

Nach 24 Kilometern hielt der Fahrer vor meinem Hotel in Kemi. Er half mir beim Ausladen und verabschiedete sich mit einem kurzen Nicken. Der Schnee knirschte unter meinen Schuhen, und für einen Moment zögerte ich, bevor ich die Tür zur Lobby aufstieß.

Drinnen war es warm, und die weichen Sessel luden dazu ein, einfach sitzen zu bleiben und nachzuspüren, was dieser Tag hinterlassen hatte. Vielleicht ist es genau das, was das Reisen ausmacht – nicht die geplanten Etappen, sondern die Improvisationen, die uns dazwischen begegnen. Menschen, die kurz auftauchen und wieder verschwinden, Orte, die auf den ersten Blick unwirtlich wirken, und doch für einen Moment zu kleinen Oasen werden.

Ich zog meine beiden Trolleys in die Ecke, bestellte mir an der Rezeption ein heißes Getränk und lehnte mich zurück. Der Tag war länger gewesen als geplant, aber vielleicht war er genau deshalb unvergesslich.

5400 km bis zur Kindheit

Ich ertappte mich wieder einmal dabei, eine Planung nicht zu Ende gedacht zu haben. Bei guter Wetterlage wäre die knapp ein Kilometer lange Strecke zu Fuss vom Hotel bis zum Bahnhof in Kemi ein Kinderspiel gewesen. Gute Wetterlage – das bedeutet im Winter in Lappland tiefe Temperaturen und fester Schnee. Doch die letzten Tage hatten mit Temperaturen bis zu vier Grad über Null den Schnee aufweichen lassen. Nachts war er dann erneut gefroren und hatte Kemi in eine gigantische Eisbahn verwandelt.

Um einem möglichen Sturz von vornherein aus dem Weg zu gehen, blieb mir nichts anderes übrig, als widerwillig ein Taxi zu nehmen – und das, obwohl ich mich eigentlich als eingefleischter Anhänger öffentlicher Verkehrsmittel sehe.

Es stellte sich heraus, dass ich nicht der Einzige war, der an diesem Morgen auf ein Taxi gesetzt hatte. Die Nachfrage war derart groß, dass mir keine freie Wahl bei der Abfahrtszeit blieb. Widerwillig akzeptierte ich eine Fahrt, die mich dreiviertel Stunden früher als geplant zum Bahnhof brachte.

Wieder einmal musste ich erfahren, dass Bahnhof nicht gleich Bahnhof ist. In einer Kleinstadt wie Kemi hatte ich mir einen Bahnhof mit kleinen Shops und Verpflegungsständen vorgestellt – ideal, um wegen des frühen Aufbruchs, mein ausgelassenes Hotelfrühstück nachzuholen. Doch Pustekuchen! Die Bahnhofshalle, die diesen Namen nicht verdiente und kaum den Standard eines modernen Wartesaals hatte, war bis auf zwei übernächtigt wirkende Gestalten, die offenbar die Nacht hier verbracht hatten, völlig leer. Kein Kiosk, kein Café – nichts. Zu allem Überfluss prangte am angrenzenden Restaurant ein Schild, das verkündete, dass samstags erst ab 10 Uhr geöffnet wurde.

Jetzt verstand ich die lakonische Bemerkung der Rezeptionistin, der ich von meinem Plan erzählt hatte: „Oder im Zug!" Ich musste lernen, dass die finnischen Züge allesamt mit Verpflegungsshops ausgestattet sind. Eine Erkenntnis, die mir in diesem Moment allerdings herzlich wenig half.

Im Zug wollte ich meinen Sitzplatz nicht leichtfertig verlassen – schon gar nicht wegen meines knurrenden Magens. Also beschloss ich, durchzuhalten. Schließlich lag Rovaniemi vor mir – touristisch besser erschlossen und, so redete ich mir ein, einen sicheren Hafen für ausgehungerte Reisende zu finden.

Während der Zug gemächlich durch die endlose weiße Landschaft rumpelte, begann ich, von belegten Brötchen und dampfendem Kaffee zu träumen. Vielleicht sogar von einem Stück Kuchen. Doch noch war ich in der Realität gefangen – mit einem Magen, der sich lautstark über die Verzögerung beschwerte.

Rovaniemi musste halten, was ich mir versprochen hatte. Ein Bahnhofsbuffet herkömmlicher Art – nichts Exotisches, einfach nur Kaffee, Brot und Butter. Die Hoffnung stirbt ja bekanntlich zuletzt.

Und tatsächlich – meine Erwartungen wurden nicht enttäuscht. Das Buffet bot alles, was mein hungriges Herz begehrte: frisch belegte Brötchen, heißen Kaffee und sogar das ersehnte Stück Kuchen. In diesem Moment fühlte ich mich fast so willkommen wie ein verlorener, frierende Reisender, der von einem Sámi in dessen Lavvu aufgenommen wird – versorgt mit heißem Tee, eingewickelt in Rentierfelle und so umsorgt, als hätte dieser die Gastfreundschaft selbst erfunden.

Eine Stunde später rang ich mit all jenen, die das Santa Claus Village besuchen wollten, im Bus der Linie 8 um einen Sitzplatz. Als der Bus drohte, überfüllt zu werden, wies der sichtlich überforderte Fahrer ein gutes Dutzend Spätankömmlinge kurzerhand ab und schloss die Türen.

Unterwegs hielt er an mindestens 15 Haltestellen. Obwohl niemand ausstieg, ließ der Fahrer ganz nach eigenem Ermessen mal Fahrgäste einsteigen, mal wies er sie ab. Ich bemühte mich, eine Ordnung in seinem Handeln zu erkennen, doch musste ich schließlich feststellen – vermutlich wegen Finnlands geografischer Nähe zu Russland – dass seine Auswahl nach dem Prinzip des russischen Roulettes erfolgte. Dabei, und das soll der Wahrheit die Ehre geben, wurde immerhin niemand tot an der Haltestelle liegen gelassen.

Das Santa Claus Village strahlte den typisch nordischen Charme aus – irgendwo zwischen Weihnachtsmärchen und Freizeitpark. Die Attraktionen waren, wenig überraschend, vor allem auf Kinder und Jugendliche ausgerichtet.

Wer Santa Claus höchstpersönlich treffen wollte, musste sich zunächst in eine lange Schlange einreihen. Und kaum in dessen Behausung angekommen, wurde den Wartenden freundlich, aber unerbittlich mitgeteilt, dass noch eine weitere Stunde Geduld gefragt sei – als hätte der Weihnachtsmann selbst verschlafen und müsste erst noch seinen Bart kämmen.

Ich musste mir eingestehen – aus dem Kindesalter bin ich wohl endgültig heraus – dass dieses Gehabe keinesfalls Freudensprünge bei mir auslöste. Meine größte Genugtuung bestand deshalb darin, mit beiden Füßen fest auf dem nördlichen Polarkreis gestanden zu haben. Vielleicht war das ja mein persönlicher Beweis dafür, dass man kindliche Abenteuerlust auch dann nicht verliert, wenn man zu diesem Zweck, in fortgeschrittenem Alter, innerhalb von neun Tagen stolze 5400 Kilometer im Zug zurücklegt.

Es gibt Reisen, die sich nicht nach Effizienz oder Zweckmäßigkeit bemessen lassen. Man unternimmt sie nicht, weil sie vernünftig oder bequem sind, sondern weil sie ein Gefühl stillen – ein Gefühl, das irgendwo zwischen Neugier und Trotz angesiedelt ist.

Die Reise zum Polarkreis war genau das: ein Spiel gegen die Routine, ein kleines Aufbegehren gegen die Vernunft und zugleich ein Bekenntnis dazu, dass Abenteuer nicht zwingend groß, aber immer bedeutungsvoll sein können. Vielleicht liegt gerade darin die eigentliche Philosophie dieser Fahrt: dass man sich nicht vom Alltag einreden lässt, was sich „lohnt" und was nicht – sondern einfach loszieht, um zu sehen, ob die Welt dort draußen wirklich so aussieht, wie man sie sich vorgestellt hat. Meine Neugierde war also vollends gestillt, und in mir stieg eine Zufriedenheit sondergleichen auf. Im Zug zurück nach Kemi keimte dann der verwegene Gedanke, den Weg zum Hotel endlich zu Fuß zurückzulegen.

Offenbar kann Euphorie selbst bei älteren Semestern Kräfte freisetzen, die man längst verloren geglaubt hatte. Sie wirkt wie ein

Funke, der einen abgestellten Motor plötzlich wieder zum Laufen bringt – knatternd zwar, aber zuverlässig. Plötzlich scheint das spiegelglatte Eis weniger wie eine Gefahr und mehr wie eine Einladung zu einem Tanz. Man balanciert vorsichtige Schritte und fühlt sich dabei fast so beschwingt wie damals, als man mit wackligen Knien die Tanzfläche betrat und sich doch traute, die erste Drehung zu wagen.

Von Zugfenstern, Bullaugen und Schaufenstern

Als ob nach den überstandenen Herausforderungen eine Belohnung fällig geworden wäre, hielt die bevorstehende Heimreise einige überraschende Highlights für mich bereit.

Zunächst machte ich mir doch einige Gedanken, ob meine eng getaktete Planung nicht zu ambitioniert gewesen war. Doch mit einem äußerst komfortablen Zug der finnischen Bahn gelangte ich – abgesehen von ein paar klitzekleinen Unannehmlichkeiten – zügig nach Turku im Süden Finnlands. Die Unannehmlichkeiten bestanden vor allem darin, dass ich keine Reservierung hatte und deshalb zwischendurch immer wieder meinen Platz räumen musste. Für die letzte Stunde landete ich schließlich im Speisewagen – ein billiges Getränk reichte hier als Ersatz für eine Sitzplatzreservierung.

In Turku wartete bereits die Nachtfähre, und was mich an Bord der Viking Grace erwartete, übertraf alle Erwartungen. Der Komfort, das reichhaltige Abendbuffet und die tolle Aussenkabine – alles schien wie gemacht, um die Mühen der vergangenen Tage in süßesten Träumen zu ertränken.

Als ich am nächsten Morgen um 6:30 Uhr in Stockholm ankam, fühlte ich mich fast so, als hätte mich die Fähre nicht nur über das Meer, sondern auch aus einer anderen Welt sanft in eine andere, bekanntere Zivilisation zurückgeschaukelt.

Drei Stunden Übergang in Stockholm – gerade genug Zeit, um einer meiner Lieblingsbeschäftigungen nachzugehen. Auf die Fahrt mit der Tunnelbana verzichtete ich großzügig und trabte stattdessen rucksackbepackt und beide Trolleys hinter mir herziehend durch die am Morgen menschenleeren Fußgängerzonen Stockholms.

In aller Ruhe ließ ich die beleuchteten Schaufenster auf mich wirken und empfand es als beinahe befreiend, der Konsumwut der nachmittäglichen Bummler schon im Voraus eine klare Abfuhr erteilt zu haben. Viele Geschäfte öffneten ohnehin erst um 10 Uhr – eine sanfte, aber durchaus willkommene Unterstützung für meine selbstauferlegte Konsumdiät.

Diesmal hatte ich Stockholm nur kurz gestreift – ein flüchtiges Reinschnuppern. Doch nach nachträglicher Betrachtung der Tunnelbana, die beeindruckende Kunstwerke beherbergt, kann ich mir gut vorstellen, hier einmal mehrere Tage zu verbringen.

Und wenn es am Ende nur darum ginge, meinem verrückten Eisenbahnerherzen nachzugeben und sämtliche Strecken der Tunnelbana kreuz und quer abzufahren – einfach der Vollständigkeit halber.

Um 10:25 Uhr ging es dann weiter mit dem Zug über Malmö nach Kopenhagen – der vorletzten Station dieser langen und erlebnisreichen Reise. Nicht schlecht gestaunt hatte ich über die Tatsache, dass es mir mit einem Interrailpass zweiter Klasse tatsächlich erlaubt war, in dem Snälltåget-Zug einen Sitzplatz in der ersten Klasse zu reservieren. In der festen Überzeugung, doch irgendwie gegen die Geschäftsbedingungen verstoßen zu haben, richtete ich mich vorsichtig auf dem großzügig bemessenen Platz ein – halb gespannt auf die bevorstehende Diskussion mit dem Kontrolleur, halb bereit, im schlimmsten Fall mein Hab und Gut zusammenzuraffen und den Weg in die Zweite Klasse anzutreten. Doch die erwartete Konfrontation blieb aus. Während der viereinhalb Stunden dauernden Fahrt saß ich ungestört und konnte mich ganz dem Panorama hinter dem Fenster und meinen Gedanken widmen.

Seit der Abreise in Kemi hatte ich immer wieder solch schöne Momente erlebt – kleine, unerwartete Überraschungen, die mich nicht nur schmunzeln ließen, sondern mir auch das Gefühl gaben, dass diese Reise etwas Besonderes war.

Doch wie es scheint, sorgt die Vorsehung stets für Ausgleich. In Malmö wechselte ich in einen Regionalzug nach Kopenhagen – und diesmal war an Luxus nicht zu denken. Der Zug war gerammelt voll, und mir blieb nichts anderes übrig, als mich für die nächsten 40 Minuten mit einem Stehplatz abzufinden. Vielleicht war das ja die sanfte Erinnerung, dass jede Reise, so sehr sie auch Höhen bietet, hin und wieder ein wenig Bodenhaftung verlangt – und sei es auf wackeligen Beinen zwischen überfüllten Gepäckablagen.

Matjesbrötchen und Gleisroulette

Die Nacht in Kopenhagen war kurz. Es war Sylvester 2024. Bereits früh am Morgen, gegen halb sieben, fuhr der Zug nach Hamburg. Im Wagen Nummer 9 der DB suchte ich vergeblich nach Platz 21 und ließ mich kurzerhand auf Platz 23 nieder – ein Schritt, der angesichts der dünnen Besetzung des Großraumwagens kaum als Rebellion durchgehen konnte. Außer mir zählten gerade einmal drei weitere Seelen zu den Fahrgästen. Ein erneutes erhabenes Gefühl stellte sich bei mir ein – als wäre dieser nahezu leere Zug eigens für mich bestellt worden.

Am Hamburger Hauptbahnhof genügten dann vor der Weiterfahrt nach Koblenz entspannte 50 Minuten, um zwei Matjesbrötchen die Gelegenheit zu bieten, den Besitzer zu wechseln – ein Tauschgeschäft, das mich einmal mehr darin bestärkte, dass auch bescheidene kulinarische Kleinigkeiten den wahren Luxus einer Reise ausmachen können.

Ihren angekratzten Ruf wollte die Deutsche Bahn an diesem Tag wohl aufpolieren. Bis Köln hatte der ICE nur acht Minuten Verspätung – ein Wert, der fast als pünktlich durchgehen konnte. Der Anschluss in Koblenz schien bei zwanzig Minuten Übergangszeit leicht zu schaffen. Doch dann kamen in Köln weitere neun Minuten dazu – und schon war die in Deutschland berüchtigte Bahnhofs-Spannung zurück. Es blieben nur noch drei Minuten.

Mit meinen zwei Koffern in der Hand – denn auf ihren Rollen waren sie mir zu langsam – hetzte ich in Koblenz treppab und treppauf von Bahnsteig 4 zu Bahnsteig 11. Und dann der nächste Schreck: Wo war die mir so vertraute Kiss-Zuggarnitur der CFL geblieben?

Normalerweise setzt sich dieser Zug aus einer deutschen und einer luxemburgischen Einheit zusammen. Letztere wird in Trier abgekoppelt und rollt weiter nach Luxemburg.

Die freundliche Zugbegleiterin erklärte mir, dass die luxemburgische Garnitur heute „aus organisatorischen Gründen" fehle. Dafür wies sie mir wohlwollend einen Platz in der ersten Klasse der überfüllten deutschen Garnitur zu. (Klasse was?)

Immerhin, in Trier sollte der Anschluss nach Luxemburg am gleichen Bahnsteig 11 bereitstehen. Doch stattdessen kamen wir auf Gleis 12 an, und ein Sprint durch die Unterführung wurde unvermeidlich – die gleiche Übung wie in Koblenz.

Aus der Puste gekommen, stellten wir alle fest, dass die Zugzielanzeige inzwischen etwas anderes behauptete: Wegen „organisatorischer Einschränkungen" ging es nun wieder zurück auf Gleis 12. Und siehe da – dort wurde unser Zug tatsächlich angezeigt, um dann zu unserem kollektiven Erstaunen auf Gleis 13 einzufahren.

Sollte es eine unbekannte Tradition bei der Deutschen Bahn sein, dass das feuchtfröhliche Silvesterfeiern schon mittags um zwei beginnt?

Die leichte Verspätung in Luxemburg erlaubte knappe vier Minuten Umsteigezeit, um mit dem französischen TER nach Hause zu gelangen.

Doch vielleicht liegt die Schönheit des Reisens darin: nicht alles zu verstehen, sondern im Unvollständigen Sinn zu finden.

<u>Wer im Ziel den Endpunkt sieht, bleibt stehen. Wer im Weg das Leben erkennt, geht weiter.</u>

Ein Kurztrip zur Côte Bleue

Tapetenwechsel

Ein Sonntag im Januar. Mein Zuhause und die Umgebung liegen in dichten Nebel gehüllt – ein typischer Wintertag dieser neuen Art, die immer häufiger werden. Schnee? Kaum noch ein regelmäßiger Gast. Der Klimawandel, spürbar, unaufhaltsam.

Doch etwas anderes zieht meine Aufmerksamkeit auf sich. Halluziniere ich, oder ist es wirklich so? In jeder Ecke meiner Wohnung scheint ein leises Knistern zu flüstern: „die Decke bröckelt", nur um dann plötzlich von einem scharfen Knacken durchbrochen zu werden. Ein Klang, der wie eine Erinnerung – vertraut und doch schwer greifbar ist.

Aber statt diesem Phänomen auf den Grund zu gehen, verspüre ich nur eines: den Drang, diesem bedrückenden Wintergrau zu entkommen. Noch bevor mir die Decke auf den Kopf fällt, treffe ich eine Entscheidung. Martigues, an der Côte Bleue im Süden Frankreichs, soll für die nächsten drei Tage mein Refugium sein. Ein Ort, an dem ich hoffe, dass der Winter seine Schwere verliert.

Innerhalb von fünfzehn Minuten ist alles organisiert: Zugfahrkarten per Telefon bestellt, das Hotelzimmer mit ein paar Klicks im Internet reserviert. Abfahrt Mittwoch, 7:15 Uhr. Der direkte TGV wird mich gegen 15:00 Uhr in Marseille absetzen – ausspucken, fast so, als hätte er eine Ahnung, wie dringend ich diesen Tapetenwechsel brauche.

Dieser verdammte Schweißgeruch

Bis Straßburg hatte ich das Glück, eine Vierersitzgruppe für mich allein zu haben. Unbehelligt vertiefte ich mich in das Buch "Wie geht das? Danke, gut!" des Kieler Zauberers Jan Martensen. Eine faszinierende Lektüre, die mich durchaus fesselte – zumindest in den wachen Momenten. Denn das frühe Aufstehen, immerhin war ich seit fünf Uhr wach, forderte seinen Tribut. Immer wieder nickte ich ein und driftete in die absurdesten Träume.

In Erwartung der Provence träumte ich mich inmitten eines endlosen Lavendelfeldes. Die Luft war erfüllt von einer Symphonie aller Düfte der Region: Lavendel, Rosmarin, Thymian – bis plötzlich ein neuer Akkord die Harmonie durchbrach. Ein stechender Geruch, der unmissverständlich von einem drei Wochen alten Männerschweiß herrührte, schob sich dazwischen. Gleichzeitig spürte ich ein leichtes Klopfen auf meiner Schulter.

Erschrocken fuhr ich hoch. Neben mir stand ein etwa 25-jähriger Mann, der mit müdem Lächeln den Platz neben mir beanspruchte. Ohne Zögern ließ er sich nieder, noch im Mantel, den er im Sitzen äußerst umständlich auszog. Und mit ihm fiel auch der letzte olfaktorische Schutz. Eine Welle von Geruchsmolekülen – der schlimmsten Sorte – eroberte die Polsterung des Sitzes.

Nach einigen Minuten, die sich wie eine Ewigkeit anfühlten, bemerkte er, dass er den falschen Platz gewählt hatte. Sichtlich verlegen packte er seine Sachen zusammen und zog weiter. Doch der Schaden war bereits angerichtet. Wenn Sie jemals erlebt haben, wie sich ein Geruch in einer Polsterung und in Ihrer Nase festsetzt, dann verstehen Sie, warum ich den Moment kaum erwarten konnte, in dem mich der TGV endlich in Marseille ausspuckte.

Jeder Zug hält irgendwo, jeder Schweißgeruch verfliegt irgendwann. Das Leben gleicht einer Abfolge von Düften: mal betörend wie ein Lavendelfeld, mal drückend wie abgestandene Schweißmoleküle. Es lehrt uns, mit beidem zu leben – mit den Düften, die uns beflügeln, und jenen, die uns herausfordern. Doch eines ist sicher: Der Moment, in dem wir endlich auf dem Bahnsteig unserer Ziele ankommen, bleibt unvergesslich. Bis dahin heißt es, die Nase hochzuhalten, tief durchzuatmen und weiterzufahren.

Ah, les transports en commun

Die französische Bezeichnung für öffentliche Verkehrsmittel hebt das Gemeinschaftliche hervor – commun kann im weiteren Sinne aber auch für das Alltägliche, ja Gewöhnliche stehen. Und genau so präsentieren sich die öffentlichen Verkehrsmittel im Süden Frankreichs: solide und funktional, jedoch ohne Besonderheiten, die aus dem Rahmen fallen oder besonders im Gedächtnis bleiben würden oder – vielleicht gerade deshalb im Gedächtnis bleiben..

Außerhalb der Sommersaison scheinen allerorts Reparaturarbeiten allgegenwärtig zu sein, sowohl auf den Straßen als auch bei der Eisenbahn. Der Fahrplan gerät dabei regelmäßig durcheinander, und die Abstimmung zwischen Zug und Bus funktioniert oft nicht wie geplant. So kam es, dass ich mehrfach bis zu einer Stunde auf einen Anschluss warten musste. Irgendwann blieb mir nichts anderes übrig, als den mittlerweile stark lahmenden Schusters Rappen zu bemühen – eine etwas holprige, aber verlässliche Alternative.

Doch was organisatorisch oft zu wünschen übrig lässt, machen die Mitarbeiter der Transportunternehmen mit Freundlichkeit und Improvisationskunst mehr als wett. So schenkte mir die Busfahrerin mit einem warmen Lächeln die kurze Fahrt von meinem Hotel bis zur Île, dem Stadtzentrum von Martigues, – wohl deswegen, weil die letzte reguläre Haltestelle vor der Île lag. Route barrée, passage interdit: Die Brücke, die die Stadtteile Jonquières und Île verbindet, war für Fahrzeuge gesperrt, lediglich Fußgänger durften passieren. Ein kleines Zugeständnis der Busfahrerin, das den Morgen auf angenehme Weise einleitete.

Ein kurzer Spaziergang durch den Stadtteil Île reichte aus, um erste Eindrücke zu sammeln. In meiner üblichen Manier wollte ich das Innere einer Kirche fotografisch festhalten. Doch als ich die Schwelle überschritt, fand ich mich mitten in einem Gottesdienst wieder. Der Pfarrer stand vorne und war gerade dabei, mit einer Inbrunst, die an die Ansprache von Trumps Lieblingsbischöfin in Washington erinnerte, eindringlich auf seine Gemeinde einzureden. Ehrfürchtig und ohne ein Bild verließ ich die Kirche wieder – manchmal sind Momente eben dafür da, erlebt und nicht festgehalten zu werden.

Die Rückkehr zur Bushaltestelle gestaltete sich dann überraschend charmant: Statt eines langen Umwegs brachte mich eine kleine gratis Fähre, die leise und gemächlich über das Wasser glitt, zum gegenüberliegenden Kai. Ein ungeplantes, aber umso stimmungsvolleres Ende dieses kurzen Ausflugs.

Der Bus, der mich anschliessend zum SNCF-Bahnhof in Martigues brachte, ließ mich eine Dreiviertel Stunde zu früh ankommen. Doch diese Zeit wurde durch eine unerwartete Begegnung auf angenehme Weise gefüllt. Am Bahnsteig stand ich vor einem Ticketautomaten und versuchte, den günstigsten Tarif für eine Fahrt nach Niolon zu finden. Ganz in mein Herumprobieren vertieft, zuckte ich überrascht zusammen, als plötzlich eine SNCF-Mitarbeiterin links hinter mir auftauchte, mir über die Schulter blickte und mit freundlichem Lächeln ihre Hilfe anbot. Doch zu meiner Verwunderung gelang es auch ihr nicht, dem Automaten eine Fahrkarte zum FIP-Tarif zu entlocken.

Man sollte wissen, dass der Warteraum des Bahnhofs verschlossen war – eine Maßnahme, die aufgrund von Vandalismus eingeführt wurde, seitdem die Schalter nicht mehr besetzt sind. Eine Lösung, die zwar dem Schutz der Einrichtung dient, aber leider auch zulasten der überwiegend respektvollen Kundschaft geht.

Die Dame gehörte zu den "Agents de Proximité"einer neu einge-
führten Dienstleistung des SNCF-Kundendienstes. Während un-
seres Gesprächs erfuhr ich, dass jeweils ein Zweierteam mit einem PKW zwischen den unbesetzten Bahnhöfen pendelt, um
dort sporadisch den Reisenden – wie in meinem Fall – Hilfe an-
zubieten. Sie erzählte mit sichtbarer Begeisterung, dass ihr diese
Art der mobilen Kundenbetreuung großen Spaß mache.

Diese kleine Geste der Hilfsbereitschaft war wie ein Lichtblick,
der die ansonsten kühle und funktionale Atmosphäre des Bahnhofs aufwärmte. Es sind diese Momente, die selbst in alltägli-
chen Situationen für einen Augenblick das Gefühl von Gemeinschaft schaffen.

Wir kamen ins Gespeäch, denn sie war neugierig auf meine Philosophie des Alleinreisens. Ihre Augen leuchteten, während ich
erzählte, und sie konnte offenbar nicht genug davon bekommen.
Doch je länger ich sprach, desto trockener wurde mein Mund,
und so schloss sie kurzerhand den Wartesaal auf und bereitete
mir einen Kaffee zu – ein unerwartet herzlicher Moment.

Während ich meinen Kaffee umrührte, sah ich, wie sie mit sicht-
licher Freude erzählte. ‚Früher war ich nur hinter Glas‘, sagte sie
und imitierte mit ihren Händen eine Scheibe. ‚Die Leute haben
mich kaum angesehen. Jetzt können wir helfen, wo es gebraucht
wird. Das macht den Unterschied.‘ Ich nickte. Es ist genau das,
was ich an Begegnungen auf Reisen liebe – diese kurzen Momente, die bleiben.

Während ich den ersten Schluck nahm, entdeckte ein Mitreisen-
der meinen Fotoapparat. Ohne große Umschweife begann er einen beinahe endlosen Monolog über die Vorzüge von Markenka-
meras und ihre Preise. Für mich wurde dies zu einer kleinen Herausforderung, denn die Unterhaltung kippte plötzlich von den
sinnlichen Momenten mit der SNCF-Mitarbeiterin in die kalte
Logik der Leistungsgesellschaft, die auf „immer besser, immer
teurer" fixiert ist.

Es schien, als bemerke er irgendwann, dass sein Vortrag bei mir keine Begeisterung auslöste. Mit einem kurzen Schulterzucken wandte er sich ab und überließ der SNCF-Dame wieder das Feld. Leider wurde ihre neugierige Fragenstellung zum Thema Alleinreisen durch das Einfahren des Zuges jäh unterbrochen. Vieles blieb ungesagt, ein Gespräch, das vielversprechend begann, aber nie seine volle Tiefe entfalten konnte.

Und doch war es erfrischend, wie persönlicher Einsatz und Freude an der Arbeit diese ansonsten kühle, funktionale Bahnumgebung für einen Moment menschlich und einladend machten. Ein Augenblick, der in Erinnerung bleibt – auch, weil er einen wunderbaren Nebeneffekt hatte: Die Wartezeit verging wie im Flug.

Zwischen Niolon und La Redonne erstreckt sich ein sechs Kilometer langes Teilstück des Sentier des Douaniers, ein atemberaubender Pfad, der durch die bizarren Felsen der Calanques führt. Doch schon der erste Kilometer dieses berauschenden, aber äußerst anspruchsvollen Weges brachte meinen treuen Rappen ins Stocken. Widerwillig gab ich mein Vorhaben auf, entschied mich für einen kurzen Besuch in Niolon und nahm anschließend den Zug nach Redonne.

Dort angekommen, hoffte ich, in einem Lokal Durst und Hunger stillen zu können. Doch mitten im Januar war weit und breit kein geöffnetes Lokal zu finden. Die Köche und das Personal schienen gut verstaut – eingemottet, um zur Hochsaison mit frischen Kräften wieder loszulegen. Ein typisches Bild dieser ruhigen

Jahreszeit, in der die Schönheit der Landschaft bleibt, aber die Infrastruktur in den Winterschlaf versinkt.

Schließlich war ich ja gekommen, um die Schönheit der Landschaft zu genießen. Eine drei Kilometer lange Rundtour durch die Pinienwälder von La Redonne bot mir genau das: stille Pfade, würziger Duft und ein Gefühl von Abgeschiedenheit. Doch der Genuss wurde abrupt von einem drängenden Bedürfnis unterbrochen – ein unsäglicher Drang zum Wasserlassen.

Zuvor hatte ich mich auf dem unebenen Terrain instinktiv an einem herabhängenden Ast einer Pinie festgehalten, nur um mit vollem Griff in ihr klebriges Harz zu fassen. Meine Finger klebten nun derart aneinander, dass ich sie kaum mehr lösen konnte. So stand ich plötzlich vor einer heiklen Entscheidung: Würde ich meinem Bedürfnis wie gewohnt im Stehen nachgeben, riskierte ich das Schicksal der beiden bronzenen Protagonisten des Prager Pissbrunnens, deren Hände – so scheint es – für alle Ewigkeit mit ihrem Penis verschmolzen sind. Ein Moment absurden Humors inmitten der idyllischen Landschaft.

Völlig erschöpft vom planlosen Umherirren schleppte ich mich mit letzter Kraft über die piste cyclable, den Radweg, zurück vom Bahnhof in Martigues zu meinem Hotel.

Am Ende des Tages bleibt die Erkenntnis: Diese Reise gleicht in etwa all denen die ich bisher unternommen habe und ist wie das Leben selbst – geprägt von Planung und Improvisation, von strahlender Schönheit und absurden Komplikationen. Und egal, ob wir uns im Takt der Züge bewegen oder von unserem eigenen Rhythmus getragen werden, es ist immer der Moment, der zählt, und die Geschichten, die daraus entstehen.

Miramas-le-Vieux

Den verrückten Einfällen eines vieux cheminot folgend, machte ich mich am nächsten Morgen erneut auf den Weg zum Bahnhof. Diesmal sollte es das Teilstück weg von der Côte Bleue nach Miramas sein, das es zu entdecken galt. Der Zug ließ die malerischen Küstenansichten bald hinter sich und tauchte ein in eine Szenerie, die von den dampfenden Silhouetten mittelgrosser Ölraffinerien geprägt war. Die Landschaft wirkte, als hätte sie die Poesie der Küste gegen die Nüchternheit einer Industriebrache eingetauscht.

Und auch Miramas selbst, das Ziel dieser Reise, schien nicht viel besser. Es begrüßte mich mit dem Charme einer Tasse lauwarmen Kaffees, der aus einem verbrauchten Satz noch ein letztes Mal aufgebrüht worden war. Doch zwischen all der Tristesse regte sich ein eigentümlicher Zauber, ein leiser Hauch von Vergangenheit, der flüchtig aufblitzte, wie die letzten Sonnenstrahlen eines durchwachsenen Tages.

Und diesem Hauch von Vergangenheit wollte ich eine bleibende Form geben. So erfuhr ich, dass der Bus der Linie 6 am Fuße einer etwa vier Kilometer entfernten Anhöhe hielt, auf der ein mittelalterliches Dorf thronte. Als einziger Fahrgast wurde ich dort abgesetzt – eine surreale Szene, in der der Bus in der Ferne verschwand und mich allein zurückließ, mit der Stille und dem Aufstieg vor mir.

Der Weg führte mich über eine schier endlose Naturtreppe, die sich malerisch an einem niedrigen Pinienwald entlangschlängelte. Der würzige Duft der Kiefern begleitete mich, während die Sonne durch die Zweige tanzte und den steinernen Pfad in ein Spiel aus Licht und Schatten tauchte. Kurz vor dem Ziel stieß ich auf einen uralten Friedhof, dessen verwitterte Steine von Geschichten längst vergangener Leben flüsterten – leise, aber unüberhörbar für jene, die verweilen wollten.

Schließlich öffnete sich der Weg zum zentralen Platz von Miramas-le-Vieux, einem Ort, wo die Zeit selbst innezuhalten schien. Ein tadellos erhaltener Waschbrunnen stand dort im Mittelpunkt – ein stiller Zeuge einer Epoche, in der sich schwatzende Waschweiber vermutlich um vieles sorgten – nur nicht um linguistische Rückversicherung.

Heute allerdings dürfte man sie wohl nicht mehr so nennen dürfen – der Zeitgeist verlangt kein differenziertes, sondern betreutes Denken. Begriffe werden wie Schachfiguren gerückt, nicht um Klarheit zu schaffen, sondern um Deutungshoheit auszuüben. So werden aus Waschweibern heute Menschen mit Textilpflegeverantwortung und zyklusbedingter Reizbarkeit.

Ich schlenderte durch die engen Gassen, die von Häusern gesäumt waren, deren Natursteinfassaden ein stilles Gefühl von Unvergänglichkeit ausstrahlten. Es war, als hielten diese Mauern die Geschichten vergangener Jahrhunderte in ihren Fugen verborgen. Die heutigen Einwohner füllten dieses zeitlose Bild mit lebendiger Gegenwart – man hörte leises Murmeln aus Fenstern, das Klappern von Geschirr, ein gelegentliches Lachen. Hinter fast jeder Ecke begegneten mir immer wieder eine Katze, die mit gelassener Selbstverständlichkeit durch die Szenerie streifte und dem Ort eine zusätzliche Spur von Vertrautheit und Leben verlieh.

Hatte ich mich noch am Vortag darüber beklagt, nirgendwo ein geöffnetes Restaurant zu finden, so war es eine willkommene Überraschung, ausgerechnet am Ausgang dieses Dorfes auf ein fünfköpfiges Team zu treffen, das offenbar nur darauf wartete, hungrige Kundschaft zu bewirten. Die Szenerie wirkte fast inszeniert: gedeckte Tische, verlockende Düfte, die durch die Luft schwebten, und das geschäftige Treiben der Bedienung, das dem Ort eine warme Lebendigkeit verlieh.

Die Mittagspause war ganz nach meinem Geschmack – unkompliziert, köstlich und begleitet von einer Aussicht auf die umliegende Landschaft, die sich wie eine lebendige Postkarte vor mir ausbreitete. Hier, in diesem Moment, schien die Zeit, die ich zuvor als stillstehend empfunden hatte, in einem angenehm unaufgeregten Rhythmus zu fließen.

Dieser unaufgeregte Rhythmus wurde jäh durchbrochen, als ich in einen von Schülern aller Altersklassen gekaperten Bus stieg. Der Bus war bis auf den letzten Platz gefüllt; viele standen im Gang, eingezwängt wie Sardinen in der Dose. Doch zu meiner Überraschung stand ein Jugendlicher auf und deutete mit dem Kopf auf den Sitz. Ich wollte abwinken, doch er sah mich erwartungsvoll an. Also setzte ich mich. ‚Merci‘, sagte ich leise. Er zuckte nur mit den Schultern und drehte sich wieder zu seinen Freunden. Für ihn war es nichts Besonderes. Für mich war es ein kleiner Moment des Getragenseins inmitten der lauten Unruhe.

Die Jugend überließ mir einen Sitzplatz – eine Geste, die mich zugleich rührte und daran erinnerte, dass ich mich, wegen meines Alters, wie ein kleiner Kieselstein im reißenden Bach dieser heranwachsenden Generation fühlte: winzig, aber nicht ganz unbemerkt.

Das lautstarke Geplapper dieser ausgelassenen Menschenmenge dröhnte in meinen Ohren, ein chaotisches Konzert aus Stimmen, das keinen Raum für die stille Nachdenklichkeit des Vormittags ließ. Erst beim Ausstieg am Bahnhof von Miramas ebbte dieses Durcheinander ab – und hinterließ in mir eine fast schon befreiende Stille.

Diesmal klappte der Anschluss am Bahnhof Martigny, was ich fast schon als kleinen Sieg verbuchte. Der Minibus zum Hotel nahm eine großzügige Umwegstrecke – so großzügig, dass ich die Fahrt durch unbekannte Viertel als eine Art improvisierte Sightseeing-Tour genießen konnte. Die Highlights dieser Tour? Einfache Behausungen, verstreut in einer tristen Industriezone, die wohl kaum jemand auf einer Postkarte erwarten würde. Es fehlte nur noch, dass der Fahrer mit Mikrofon über die „eindrücklichen Wohnkonzepte zwischen Lagerhallen und Betonbauten" referierte, während ich mir überlegte, ob ich beim nächsten Stop wohl wirklich „hop off" dürfte.

Ein misslungener Versuch

In frühmorgendlicher Aufbruchstimmung trat ich die Heimreise an. Um der Ungewissheit der öffentlichen Busse zu entgehen, hatte ich ein Taxi zum Bahnhof bestellt. Der Fahrer, der mich wegen meines Akzents schnell als Ausländer identifiziert hatte, wirkte überrascht, dass es sich nur um eine so kurze Strecke handelte.

Am Bahnhof angekommen, wollte er mir dann weismachen, dass mein Zug nach Marseille, der planmäßig um 7:15 Uhr fahren sollte, eine erhebliche Verspätung hätte. Mit viel Mühe und theatralischem Eifer präsentierte er mir vermeintliche „Beweise" auf seinem Smartphone, als hätte er exklusiven Zugang zu geheimen Bahninformationen. Dabei schien er fast mehr um meinen Anschluss in Marseille besorgt zu sein als ich selbst.

Meine Informationen hingegen waren anderer Art: Der Zug war pünktlich. So blieb mir nur der Gedanke, dass ich ihm wohl die einträglichere Fahrt nach Marseille versagt hatte – etwas, das er offenbar mehr bedauerte als ich.

Am Ende war dieser Kurztrip eine kleine Flucht – aber auch eine leise Rückkehr zu mir selbst. Denn in jedem Schritt, jedem Geruch, jedem Gespräch liegt die Chance, sich für einen Augenblick vom Alltag zu lösen und doch gleichzeitig tiefer mit ihm verbunden zu sein.

Und so kehrte ich zurück, nicht nur mit einer Erinnerung an die Côte Bleue, sondern auch mit der Gewissheit, dass es die Geschichten am Wegesrand sind, die das Reisen unvergesslich machen – und mir immer wieder die Sehnsucht schenken, den nächsten Zug zu nehmen.

Fast wie in Kindertagen

Nein, ich schaffe es nicht. Nein. Nein. Und wieder nein. Ein fast unbezähmbarer Drang treibt mich weiter, lässt mich Neues entdecken, hält mich davon ab, wirklich sesshaft zu werden. Nach meinem Besuch an der Côte Bleue hatte ich mir vorgenommen, mein Zuhause wieder bewusster zu genießen.

War es nicht gerade ich, der einst behauptete, Heimat sei immer dort, wo mein Reisekoffer steht? Wenn ich diesem Gedanken folge, müsste ich es dann nicht zumindest für ein paar Wochen an meinem Wohnort aushalten? Schließlich steht mein Koffer – wenn auch leer – geduldig im Abstellraum. Wartend, aber nicht fordernd.

Ist dieses Verlangen nach Bewegung ein echtes Bedürfnis – oder bloß eine Gewohnheit? Immer wieder verspüre ich diesen inneren Ruf nach Neuem, nach anderen Orten, fremden Gesichtern, unbekannten Gerüchen. Doch ist es wirklich die Ferne, die mich lockt, oder fürchte ich mich vor der Stille, die das Verweilen mit sich bringt?

Vielleicht ist Heimat nicht nur ein Ort, sondern eine innere Haltung. Ein Gefühl der Ruhe, das nicht davon abhängt, wo mein Koffer steht, sondern ob ich mich in mir selbst zu Hause fühle. Und vielleicht bedeutet es manchmal auch, das Unbekannte in der eigenen Umgebung zu entdecken – mit offenen Augen durch vertraute Straßen zu gehen und in den kleinen Dingen das große Abenteuer zu finden.

Waren es nicht genau diese Entdeckungen, die mich als Kind faszinierten? Wie oft bin ich damals mit leuchtenden Augen losgezogen – durch Wiesen, über Bachläufe, in fremde Gassen, die mir wie neue Welten erschienen? Diese Art des Reisens war nicht von großen Entfernungen abhängig, sondern von meiner unermüdlichen Neugier.

Und genau dieses Staunen verspüre ich wieder, wenn ich mich heute als Ruheständler durch meine nahe Umgebung bewege. Ich bin älter geworden, aber mein Blick auf die Welt hat etwas Kindliches bewahrt. Ich erkenne Muster in alten Pflastersteinen, entdecke Geschichten in den Gesichtern der Menschen an der Bushaltestelle, verweile länger an Orten, die ich früher eilig durchschritten habe. Die Zeit hat mein Tempo verändert – aber nicht meine Lust, Neues zu entdecken.

Doch ist es nicht vermessen, meinen treuen Trolley, der mir auf all meinen Reisen bedingungslos gefolgt ist, ausgerechnet jetzt in einen Abstellraum zu verbannen – während ich selbst rastlos umherziehe? Sollte ich ihn nicht vielmehr würdigen, ihn als Symbol meiner Ruhelosigkeit begreifen, statt ihn achtlos beiseitezustellen?

Aber wie ehre ich den Koffer, der stets an meiner Seite war – egal ob auf staubigen Bahnsteigen oder in engen Gepäckfächern? Er hat mir nie Vorwürfe gemacht, wenn ich ihn zu schwer bepackte, und stets tapfer den Launen des Wetters getrotzt.

„Mein Koffer – mein stiller, geduldiger Gefährte, du fehlst mir", sage ich, als ich den Abstellraum öffne. Er steht reglos im Halbdunkel, wie ein vergessener Weggefährte.

„Das sagst du jetzt", antwortet er und klingt leicht gekränkt. „Aber seit Wochen stehe ich hier im Staub. Vergessen. Ignoriert."

Ich seufze. „Es war keine Absicht. Ich wollte mal ankommen. Einfach bleiben."

Mein Koffer schüttelt sachte seinen Griff. „Ankommen? Oder nur pausieren, weil du nicht wusstest, wohin?"

Ich lasse mich gegen den Türrahmen sinken. „Vielleicht beides. Vielleicht brauchte ich eine Pause von der Rastlosigkeit. Ich habe versucht, Heimat zu spüren, ohne ständig weiterzuziehen."

Er schweigt kurz. Dann fragt er leise: „Und? Hast du sie gefunden?"

Ich blicke auf ihn hinunter. „Manchmal ja. Manchmal nicht. Und du?"

Er lacht leise. „Ich bin ein Koffer. Meine Bestimmung ist es, unterwegs zu sein. Doch wenn ich ehrlich bin – ohne dich bin ich nur ein leeres Gepäckstück."

Ich lächle und streiche mit der Hand über seinen abgenutzten Stoff. „Dann sollten wir bald wieder losziehen. Aber dieses Mal nicht, um zu fliehen, sondern um zu entdecken."

Mein Koffer ruckt freudig auf seinen Rollen. „Das wurde aber auch Zeit."

Als ich die Tür hinter mir schließe, vernehme ich ein fast feierlich gehauchtes: „Also, was mich betrifft – ich hatte nie das Gefühl, dass wir auf der Flucht waren. Schon allein deswegen, weil deine altersbedingte langsame Gangart es nicht zuließ, dich als Flüchtenden[1] zu erkennen. Meine Rollen allerdings hätten auch eine Flucht ausgehalten. Aber am Ende war es doch deine Entdeckungslust, die uns vorantrieb."

„Danke."

Erstmal musste ich diesen Dialog sacken lassen. Dann besann ich mich auf die angesprochene kindliche Neugier – und in Gedanken entdeckte ich einen fast erschreckenden Zusammenhang.

Alter ist nichts für Feiglinge

 In meinen frühen Kindertagen, noch unfähig zu laufen, setzte mich meine Mutter in den Momenten, in denen sie mein Geplärre nicht mehr ertragen konnte, kurzerhand in den Kinderwagen und schob mich um die Häuserblöcke. Statt tobend im Bettchen zu liegen und die Zimmerdecke anzustarren, bot sich mir so die Gelegenheit, Neues zu entdecken. Und – zur Erleichterung meiner Mutter – beruhigte ich mich dabei.

Tja, und wenn ich ehrlich bin, hat sich daran bis heute nicht viel geändert.

Zwar kann ich mittlerweile selbst laufen (zumindest an guten Tagen und mit vertretbarem Gelenkverschleiß), aber der Mechanismus ist derselbe: Zu lange an einem Ort, und schon werde ich unleidlich. Der Unterschied? Heute ist es nicht meine Mutter, die mich schnaufend durch die Straßen kurvt, sondern die öffentlichen Verkehrsmittel und hin und wieder ein übermotivierter Taxifahrer mit fragwürdiger Fahrweise.

Damals reichte eine kleine Runde um den Block, um mich zu besänftigen – heute brauche ich ein paar hundert Kilometer, eine neue Stadt oder wenigstens ein unbekanntes Café, um wieder zur Ruhe zu kommen. Ich bin eben anspruchsvoller geworden. Aber das Prinzip bleibt gleich: Bewegung ist Beruhigung. Und wenn ich mich nicht selbst in Gang setze, dann rollt mich eben mein Koffer irgendwohin.

Womit also bewiesen wäre, dass ich – und vermutlich nicht nur ich – mitten im unvermeidlichen Kreislauf der altersbedingten Rückentwicklung zur Infantilität stecke. Das Leben dreht sich im Kreis, und wenn es in diesem Tempo weitergeht, ist es wohl nur eine Frage der Zeit, bis ich mich nach einem neuen fahrbaren Untersatz umsehen muss.

Erst war es der Kinderwagen, dann das Fahrrad und das Auto, schließlich die öffentlichen Verkehrsmittel – und wer weiß, vielleicht endet die Reise eines Tages mit einem elegant designten Rollator aus Carbon, mit GPS-Tracking und integriertem Getränkehalter. Schließlich sollte Komfort keine Frage des Alters sein.

Bis es so weit ist, bleibt mir immerhin mein treuer kleiner Rollkoffer. Ein echtes Fortbewegungsmittel ist er zwar nicht, aber in unbequemen Momenten reicht er mir galant sein Teleskopgestänge als diskrete Gehstütze – ein loyaler Gefährte, der mir stets zur Seite steht, selbst wenn wir beide dabei manchmal über Kopfsteinpflaster stolpern.

Doch auch er hat die Zeichen der Zeit längst erkannt. Sollte in seinem ohnehin knapp bemessenen Fassungsvermögen der Moment kommen, in dem ein paar Hemden den Inkontinenzeinlagen weichen müssen, dann – so seine besorgte Einschätzung – wäre der Punkt erreicht, an dem meine Reiselust drastisch schrumpfen dürfte.

Und ehe ich mich versähe, könnte der Tag kommen, an dem ich nicht mehr dem Abenteuer hinterherrenne, sondern nach meiner längst verstorbenen Mutter rufe, weil ich – wie einst als Kind im Kinderwagen – jemanden suche, der mich auch diesmal wohlwollend auf meiner letzten großen Reise begleitet.

Es ist fast, als könnte mein Koffer meine Gedanken lesen. Mit Nachdruck meldet er sich zu Wort:

„Los jetzt. Nutze die Zeit. Die Welt – voller Momente – wartet.“

[1]Semantische Anmerkung: ‚Flüchtender‘ beschreibt eine aktive Bewegung, während ‚Flüchtling‘ zunehmend als problematisch gilt, da es den Zustand des Geflüchtetseins als festgeschrieben erscheinen lässt. In meinem Fall also: Ich wäre der Flüchtende – mein Koffer hingegen der Flüchtling... im Abstellraum“

Bei den Sch'tis

Nachdem mich der Taxifahrer bei meiner Reise zur Côte Bleue wiederholt auf meinen doch recht groben französischen Akzent angesprochen hatte – unmissverständlich mit der Feststellung: *„Monsieur, vous avez l'accent des gens du Nord"* –, war es höchste Zeit, dieser Behauptung auf den Grund zu gehen. Würde mein plumpes Französisch tatsächlich einem Vergleich mit dem Original aus Lille, jener Stadt im rauen Norden der Grande Nation, standhalten?

Also habe ich der nachdrücklichen Aufforderung meines Rollkoffers – ‚Los jetzt!' – nachgegeben und sitze nun in der Hauptstadt des Nordens, der Heimat der Sch'tis. So nennt man die Bewohner Nordfrankreichs, berühmt für ihren eigentümlichen Dialekt und ihren herzlich-derben Humor.

Für diesen Zweitages-Kurztrip reichte mein Rucksack vollkommen aus, und meinen Koffer ließ ich – ohne jegliche Rücksicht – im Abstellraum zurück. Doch nun meldet sich mein Gewissen, das bereits ahnt, welche Vorwürfe mich bei meiner Rückkehr erwarten werden.

Doch wie wird er reagieren wenn ich ihm erklären würde, dass unsere Welt unaufhaltsam dem totalen Irrsinn zusteuert – und das unter anderem an folgenden Begebenheiten festmache:

Illegale Einwanderung, oder?

Im TGV von Luxemburg nach Paris, wo dank des Schengen-Abkommens seit Jahren keine Grenzbeamten mehr zu sehen waren, tauchte plötzlich wieder einer auf. Ein Wiederkehrer aus vergangenen Zeiten, ein Beamter im Exil, der seine große Stunde gekommen sah. Und wie es das Protokoll verlangt, bedurfte es eines Auserwählten – jemandem, an dem der staatliche Eifer demonstriert werden konnte. Die Wahl fiel auf einen jungen Studenten neben mir, zweifellos aus dem einzig relevanten Grund: seinem Menschentypus.

Also wurde sein gesamtes Gepäck, unter den erstaunten Blicken aller Mitreisenden, von flinken Händen in Gummihandschuhen durchwühlt, auf dem kleinen Tisch ausgebreitet und minutiös inspiziert. Jede Socke, jedes Buch, jedes Kleidungsstück wurde staatstragend gewendet und geprüft – ein bürokratisches Ballett in voller Pracht.

Schließlich, nachdem auch der gültige Pass eine ausgiebige Betrachtung erfahren hatte, wurde alles wieder in seinen Rucksack gestopft – in einer Art und Weise, die selbst das französische Verständnis von Laissez-faire beleidigt hätte.

Ich erinnere an jene freundliche Aufforderung in den Zügen der luxemburgischen Bahn: Respect c'est simple comme bonjour. Schade, dass es nicht ebenso simpel zu praktizieren ist.

Ich werde meinem Kollegen Trolley berichten, dass ihm womöglich eine unangenehme Erfahrung erspart geblieben ist – und hoffe, dass er sein Meckern damit einstellt. Schließlich tun wir uns beide schwer damit, fremde Hände in seinem Innersten zu dulden, selbst wenn sie noch so sanft und in Samthandschuhen vorgehen.

Um den Sarkasmus vollends auszukosten, könnte ich sogar behaupten: Früher hätte das nur meine Frau gedurft – und auch nur zu dem erlauchten Zweck des Wäschewaschens

Perds pas l'nord et suis ta voie

Verliere nicht den Norden und folge deinem Weg – so lautet der Titel eines Chansons von Alain Souchon. In Paris war die Richtung jedenfalls klar: geradewegs nach Norden.

Da die Stadt keinen Zentralbahnhof hat, müssen Reisende je nach Himmelsrichtung den Bahnhof wechseln. Zum Glück erleichtert die Metro das Umsteigen – doch wer es sportlich mag, kann den Weg auch zu Fuß zurücklegen.

Wer aus dem Osten kommt und nach Norden will, schafft den Wechsel von der Gare de l'Est zur Gare du Nord in knapp acht Minuten zu Fuß – fast ein Katzensprung. Vorausgesetzt, man hat nicht gerade einen dieser launischen Trolleys dabei, die Kopfsteinpflaster gern in eine Hindernisstrecke verwandeln.

Undank scheint der Welten Lohn – hatte ich meinen treuen Reisekumpan nicht erst kürzlich in den Himmel gelobt? Und nun diese vernichtende Kritik!

Sagen wir mal, es lag am regnerischen Wetter. Schließlich erinnere ich mich nur zu gut daran, wie ich letztes Jahr bei strahlendem Sonnenschein von der Gare Montparnasse aus mit meinem Trolley über fünf Kilometer quer durch Paris bis zur Gare de l'Est getrampt bin – und dabei kein böses Wort über ihn verlor.

Je näher wir Lille kamen, desto schlechter wurde das Wetter – mit jedem Kilometer rauer, genau wie die Sprache meiner Mitreisenden. Sollte es da etwa eine Kausalität geben?

Biloute, iI fait un timps d'quien

Wie melodiös hatte das Provenzalische aus dem Süden geklungen – mit seinen klaren, schwingenden Vokalen. Und nun die nasale, gedehntere Aussprache der gens du Nord, die sich schwerer über die Lippen wälzt.

Gare de Lille Flandres – Endstation. Vor dem Bahnhofsgebäude hatte die Polizei alle Hände voll zu tun, um zwei verfeindete Gruppen migrantischer Einwohner zu beruhigen. Um Missverständnissen vorzubeugen: Nicht ihre Herkunft ist das Problem, sondern die sozialen Umstände, in denen sie gefangen sind.

Generalisierungen sollte man ohnehin vermeiden – schließlich war mir derartiges im Süden nicht aufgefallen, obwohl Marseille auch nicht den besten Ruf genießt. Vielleicht war ich beide Male einfach nicht zur richtigen Zeit am richtigen Ort.

Dem herzlich-derben Humor – einem, der so vermutlich gar nicht beabsichtigt war – begegnete ich im Furet de Lille, als ich auf der Suche nach einem besonderen Andenken durch die Regale streifte. Mein Blick blieb an einem Stapel Schüsseln hängen, jede verziert mit der Aufschrift „Bol, Cette Année-là", gefolgt vom jeweiligen Jahrgang und einer passenden Textzeile. Die Serie begann bei 1951 und zog sich durch die Jahrzehnte.

Mit einer Mischung aus Befremden und Amüsement stellte ich fest, dass mein Jahrgang, 1948, schlichtweg fehlte. Offenbar war die Zielgruppe für diese Schüsseln bereits so ausgedünnt, dass es sich nicht mehr lohnte, sie in Produktion zu geben. Ich kämpfte mit dem Drang, dem Abteilungsleiter einen gut gemeinten Vorschlag zu unterbreiten: Vielleicht wäre es an der Zeit, eine exklusive Serie von datierten Schnabeltassen für die Jahrgänge vor 1951 ins Sortiment aufzunehmen?

Tout ch'a ch'est du bren

Vor dem Bahnhof Lille-Europe, nahe einer Rolltreppe, einigermaßen vor dem Regen geschützt, bot ein findiger Geschäftsmann nach amerikanischem Vorbild seine Dienstleistung an. In schönster Sonntagsschrift prangte auf einer Reklametafel:

François Cireur – pour une élégance… toute en brillance du lundi au samedi de 6h30 à 10h – nettoie, entretient, rénove tout cuir, chaussures, maroquinerie .....

Ich beobachtete den Mann, der mir – sitzend – den Rücken zukehrte, während er sich ganz in sein Tun versenkt einem auf einem Podest thronenden Kunden widmete und diesen dabei halb verdeckte. Mein Kopfkino ließ sich nicht lange bitten – die Szene wirkte seltsam intim, fast körperlich aufgeladen. Es war die Haltung des Mannes, das gebeugte Arbeiten, das halb verborgene Geschehen zwischen seinen Armen – mein Denken driftete ab, als hätte es eine versteckte Einladung zur Interpretation erhalten.

Zwar beherrsche ich das Französische einigermaßen, doch denke ich meist in meiner Heimatsprache – oder übersetze still ins Deutsche. Nicht immer mit dem gewünschten Ergebnis.

So wurde aus „François Cireur" in meinem Kopf kurzerhand „Franz Wichser" – eine spontane Entgleisung, die durch die Konnotation von „Franz" als Kurzform von Franziskus eine fast blasphemische Note erhielt. Dieser gedankliche Fehltritt trieb mir augenblicklich eine beschämende Röte ins Gesicht.

Manchmal ist es eben besser, das Denken nicht wörtlich zu übersetzen.

Legale Auswanderung, oder?

Gegen meine Abreise hatten die Sch'tis offenbar keine nennenswerten Einwände. Sie verabschiedeten mich mit einem Achselzucken – oder bildete ich mir das nur ein? Punktgenau setzte sich der Zug in Richtung Paris in Bewegung. Zwei Stunden blieben mir dort zum Umstieg – gerade genug, um Notre-Dame einen bewundernden Blick für den gelungenen Wiederaufbau nach dem verheerenden Brand zu schenken.

Eigentlich wollte ich nur um Verzeihung bitten – für jene plumpe Übersetzung, die feinfühlige Seelen vielleicht als sprachliche Ketzerei empfinden könnten. Doch Notre-Dame, alt und stolz, zeigte sich wenig geneigt zur Gnade. Statt mir in milder Erhabenheit zu verzeihen, belegte sie mich mit einer stillen, aber unmissverständlichen Strafe: 25 Minuten Zugverspätung, gleich zu Beginn, bei der Abfahrt aus Paris.

Die Buße wurde nicht etwa im Beichtstuhl, sondern nüchtern über Bordlautsprecher verkündet. Unser Lokführer stecke in Metz fest, hieß es – dort herrsche eine „größere Betriebsstörung". Ein Ersatz sei angefordert. Die automatisierte Durchsage, offenbar mit übersteigerter Berufsethik programmiert, verfiel in ein mantraartiges Ritual: In den letzten zehn Minuten vor der Abfahrt verkündete sie im Zwei-Minuten-Takt *„Attention, notre train va partir!"* Ich begann ernsthaft zu glauben, sie wolle den Zug durch bloße Wiederholung in Bewegung setzen.

Und tatsächlich – beim fünften Versuch: Bewegung! Ein leises Ruckeln, dann das ersehnte Rollen. Kaum hatte sich der Zug in Bewegung gesetzt, folgte auch schon die übliche liturgische Formel über Lautsprecher: Man bedaure die Verspätung und danke für unsere Geduld. Was hätten wir denn tun sollen – in kollektiver Rage die Waggons auseinanderschrauben? – Solche skurrilen Entschuldigungen kannte ich bereits. Einst in Dortmund, diesmal ohne jede Form der Versündigung meinerseits, begründete die Bahn eine zehnminütige Verspätung damit, dass der Ablöser des Lokführers zehn Minuten lang am falschen Gleis stand – und wartete. Einfach nur stand. Und wartete.

Manchmal, so scheint es, sind es nicht höhere Mächte, sondern bloß die kleinen Absurditäten des Alltags, die einen auf die Probe stellen.

on Tour(s)

Die Karikatur der Gegenwart

Es ist nicht die persönliche Rastlosigkeit, die mich diesmal zur „Flucht" treibt, oder treffender: zur selbstgewählten Exilreise, sondern eine unbestimmte, nagende Erkenntnis – geboren aus der geopolitischen Schieflage der Gegenwart in einer Welt, die sich selbst zur Karikatur degradiert. Die Realität taumelt, grotesk überzeichnet, wie eine Marionette mit zerschnittenen Fäden. Doch wohin ins Exil, wenn nicht einmal die Gedanken noch festen Halt finden?

Europa – dieser müde Kontinent – erscheint wie ein Schauspieler, der seine Rolle vergessen hat, eine Kulisse, die in sich zusammenbricht, während der Vorhang längst zerrissen zu Boden gefallen ist. Wie soll hier noch ein stabiles Gedankengebäude errichtet werden, wenn der Untergrund selbst aus politischem Treibsand besteht? Die EU, ein Monument der Selbstüberschätzung, droht zwischen den Mühlsteinen der Großmächte zermalmt zu werden – ein Spielball in einem absurden Drama, das niemand mehr zu Ende schreiben kann oder will.

Wenn Männer, die sich Staatsmänner nennen – ein Titel, der für Integrität und Größe stehen sollte –, diesen Begriff derart entwerten, indem sie ihresgleichen als gescheiterte Komiker verspotten, frage ich mich unweigerlich: Wer aus dieser bemitleidenswerten Zunft ist denn überhaupt **kein** Komiker? Die Antwort darauf ist ernüchternder, als es jede Tragikomödie je sein könnte.

Meine mühsam kultivierte stoische Haltung beginnt zu bröckeln. Mehr denn je muss ich mir in Erinnerung rufen, dass Stoizismus kein statisches Konzept ist, sondern ein fortwährender Lernprozess – und dass selbst Gelassenheit verschwindet, wenn das Weltgeschehen eine Bühne bietet, auf der das Lächerliche und das Erbärmliche um den lautesten Applaus wetteifern.

La république des camarades

Während ich diese Zeilen schreibe, rattert der TGV in Richtung Paris. Von dort soll es weiter nach Tours gehen und zu den Schlössern der Loire. Inmitten dieser steinernen Zeugen einstiger Macht will ich mich dem französischen Feudalismus und dem Imperialismus widmen, jenen Systemen, die einst die Welt ordneten, dann in den Mauern dieser Paläste zu einem Schatten der Vergangenheit wurden – und nun, in einem tragikomischen Akt der Geschichte, erneut ihre Spuren in den Köpfen so mancher Inhumanisten hinterlässt.

Es ist ein merkwürdiges Paradox: Während europäische Strategen mit missionarischem Eifer gegen den neu aufkommenden Imperialismus vergangener Zeiten wettern, arbeiten sie zugleich stillschweigend an der Wiedererrichtung einer république des camarades – einer Ordnung, in der Loyalität mehr gilt als Kompetenz und alte Machtstrukturen unter neuen Namen auferstehen. Genau diese Denkweise scheint der eigentlichen Erstarkung der EU im Wege zu stehen.

Doch ehe mich solche Überlegungen vollends verschlingen, folge ich einem spontanen Impuls und lenke meine Schritte ins Café de Flore, unweit von Saint-Germain-des-Prés in Paris. Dort also, wo sich seit jeher Schriftsteller und Denker versammelten, wo Ideen Gestalt annahmen, noch bevor sie Worte wurden.

Während vor den großen Fenstern das Pariser Leben in seinem gewohnten Rhythmus pulsiert, lasse ich mir ein déjeuner servieren – eine bewusste Unterbrechung, fast schon eine philosophische Geste. Mit jedem Bissen, mit jedem Schluck offenbart sich mir eine schlichte Wahrheit: Philosophie ist kein abstraktes Gedankenspiel, sondern eine Praxis, die untrennbar mit dem Leben verwoben ist. Denken braucht Handlung – sei es nur das bewusste Genießen eines Essens in einem Café, das mehr Geschichte atmet als so manches feudale Schloss.

Vielleicht haben Sartre und Beauvoir genau deshalb hier philosophiert – weil sich die großen Fragen des Lebens zwischen einem Glas Wein und einem Croque Monsieur oder Madame mit einer gewissen Leichtigkeit erschließen ließen.

Dieses knusprig-goldene Bistro-Gericht, das mit Schinken, Käse und Béchamel die perfekte Balance aus rustikaler Herzhaftigkeit und feiner Eleganz findet, wird in der ‚Madame'-Variante mit einem Ei gekrönt. Ob das reiner Küchenzufall war oder eine augenzwinkernde Hommage an Simones Feminismus – wer weiß? Vielleicht erschien der Intellekt in solchen Momenten des Genusses nicht als Last, sondern als Spiel. Und so manches zwischenmenschliche Dilemma ließ sich mit einem entschiedenen croquer einfach wegknacken

Die Geschichte, ein schlechter Film?

In Tours entscheide ich mich für den Circuit de Balzac und lasse mich durch die verwinkelten Gassen der Stadt in der Touraine treiben – auf der Suche nach Spuren der Vergangenheit, nach Zeichen jener politischen Umbrüche, die Balzacs Geburtsstadt im Laufe der Jahrhunderte geformt haben. Hier also liegt der Ursprung seiner scharfsinnigen Beobachtungen über eine Welt im Wandel. Balzac liebte das Reisen – und je weiter ich selbst reise, desto unentrinnbarer scheinen mir die Parallelen und was mich wirklich erschreckt, ist die beklemmende Nähe meiner eigenen Beobachtungen zu denen Balzacs.

Die Stadt der Turonen entfaltet mit ihrer architektonischen Vielfalt ein Panorama der Gegensätze. Muster treten hervor, Absurditäten werden sichtbar – wie feine Risse im Putz der Geschichte. Ich betrachte sie, hinterfrage sie und studiere nicht nur die sichtbaren Fassaden, sondern zerlege – wenn auch in bescheidenerem Rahmen – auch jene aus Macht und Täuschung. Genau das, was Honoré de Balzac in seiner **Comédie humaine** einst tat .

Ebenso vielschichtig wie die Architektur erscheint mir auch die Gesellschaft der Stadt. Ich beobachte, wie Tradition und Moderne aufeinandertreffen, wie verschiedene kulturelle Einflüsse miteinander ringen, sich verweben und neue Identitäten formen. In vielen europäischen Städten zeigt sich ein ähnliches Bild: Wandel geschieht schneller als je zuvor, und nicht jeder kommt mit diesem Tempo zurecht. Doch ist es wirklich die Vielfalt, die den Zusammenhalt auf die Probe stellt? Oder vielmehr die Unsicherheit, wie mit ihr umzugehen ist?

Werte und Traditionen sind keine starren Monumente, sondern lebendige Gefüge – sie verändern sich mit der Zeit. Doch nicht jede Veränderung bedeutet automatisch Fortschritt, und nicht jede Bewahrung ist per se ein Schutz vor Verfall. Entscheidend ist nicht das Ob des Wandels, sondern das Wie. Denn Identität ist mehr als nur Herkunft; sie entsteht aus einem ständigen Dialog zwischen Vergangenheit, Gegenwart und Zukunft.

Vielleicht liegt das eigentliche Problem nicht in der kulturellen

Vielfalt selbst, sondern in der Art und Weise, wie Gesellschaften mit ihr umgehen. Wenn das Gemeinsame nicht mehr gepflegt wird, wenn sich Misstrauen ausbreitet und gesellschaftliche Räume zu Fragmenten werden, dann beginnt der Zerfall – nicht, weil Menschen unterschiedlich sind, sondern weil sie aufhören, einen gemeinsamen Bezugspunkt zu haben.

Balzac hätte diese Entwicklungen wohl mit scharfem Blick seziert: Die Politik, die zwischen Integration und Abgrenzung schwankt, die Ökonomie, die in der Globalisierung Chancen sucht, aber oft neue Ungleichheiten schafft, und eine Gesellschaft, die sich manchmal selbst nicht mehr versteht. Vielleicht zeigt sich hier die größte Herausforderung unserer Zeit – nicht das bloße Nebeneinander von Kulturen, sondern die Frage, ob es noch ein Miteinander gibt, das stark genug ist, Unterschiede zu überbrücken.

Die Geschichte wiederholt sich nicht, aber sie reimt sich, so heißt es. Manchmal aber fühlt sie sich an wie ein schlechter Film – mit vorhersehbaren Plots, unzureichend gelösten Konflikten und narzisstischen Politfiguren, die verzweifelt nach einem Drehbuch suchen, das längst verloren gegangen ist.

In Bezug auf letztere fällt mir eine sprachliche Gemeinsamkeit zwischen Honoré de Balzac und den honorablen Abgeordneten in manchen Parlamenten auf. *Honoré* und *honorable* teilen denselben Wortstamm: honor, die Ehre. Doch während Balzac mit scharfem Blick hinter die Fassaden menschlicher Ambitionen blickte, scheint das „Honorable" in der politischen Sphäre oft weniger eine Eigenschaft als vielmehr eine wohlklingende Formalität zu sein – ein Ehrentitel, der so inflationär gebraucht wird, dass er selbst zur Fassade verkommt. Der politischen Glaubwürdigkeit zuliebe sollte man ihn am besten ersatzlos streichen.

Und wie jede Fassade, die zu oft übertüncht wurde, lässt auch jene sich bei näherer Betrachtung erstaunlich leicht zerlegen. Denn was bedeutet „Ehre" in der politischen Sprache? Ist sie nur eine Hülle, die jedes noch so durchschaubare Manöver bemäntelt? Ein Echo vergangener Ideale? Oder schlicht eine höfliche Umschreibung für das ewige Spiel zwischen Schein und Sein?

Doch lassen Sie uns für einen Moment den Blick auf ein Symbol von Beständigkeit und Vergänglichkeit richten. Ich lade Sie ein, die folgenden Aufnahmen aus Schloss Chenonceau auf sich wirken zu lassen – und wenn Sie es erlauben, dürfen Sie in ihrer Anordnung auch eine politische Botschaft erkennen.

Im Laufe der Jahrhunderte schritten zahllose Besucher über zwei Böden, die unterschiedlicher kaum sein könnten: Der meisterhaft gefügte Holzboden (links), abgewetzt durch die immer gleichen Schritte der Bewunderer, tritt unter dem Schmutz der Jahrzehnte wieder hervor – nicht glanzvoll, aber unübersehbar. Die kunstvoll verzierten Fliesen (rechts) zeigen eine andere Wahrheit, sie büßten mit der Zeit Teile ihrer Glasur ein – eine verblassende Oberfläche, ein Echo einstiger Pracht, eine Fassade, die sich langsam auflöst. Die Spuren der Zeit legen nicht nur den Verfall offen, sondern auch das, was bleibt: Substanz.

Begegnung mit der Macht

Eine halbe Stunde brauchte der Zug von Tours nach Chenonceau – genug Zeit, um den meditativen Charakter der Fahrt zu nutzen und eine gedankliche Zwischenstation zwischen dem Alltag der Touraine und der opulenten Welt jenes als Damenschloss bekannten Château de Chenonceau einzufügen.

Unter den acht Frauen, die das Schloss maßgeblich prägten, möchte ich nur zwei erwähnen – weil sich an ihnen zwei gegensätzliche Vorstellungen darüber offenbaren, wie es genutzt werden sollte.

Katharina von Medici, Ehefrau Heinrichs II., machte Chenonceau zu einem Zentrum höfischer Pracht. Sie ließ die berühmte zweistöckige Galerie errichten und veranstaltete rauschende Feste.

Louise de Lorraine, Witwe Heinrichs III., hingegen zog sich nach dessen Tod in Trauer zurück und verwandelte das Schloss in einen Ort der Stille und Melancholie.

Bereits an der großen Eingangstür sorgte eine Inschrift für ein verdecktes Schmunzeln. Sie erinnern sich an meine flapsige Übersetzung des Namens des Schuhputzers François in Lille? Nun setzt diese Inschrift die Dinge in eine neue Perspektive: *Franciscus Dei gratia Francorum Rex.*

Oh Wunder – hier ist der bescheidene Franziskus vom Schuhputzer zum König mutiert, natürlich mit göttlicher und päpstlicher Hilfe.

So einfach allerdings auch wieder nicht – denn schließlich prangere ich an, dass sich im feudal-imperialistischen System Macht und Reichtum ebenso vererbten wie Ohnmacht und Armut. Und daran hat sich bis heute kaum etwas geändert.

Ach ja – das Château de Chenonceau gehört heute der Familie Menier, die es seit 1913 besitzt. Bekannt für ihre Schokoladenproduktion, die inzwischen von Nestlé übernommen wurde, hat die Familie das Schloss restauriert und erhalten, während es der Öffentlichkeit als Museum zugänglich bleibt.

Eigentlich lobenswert – denn so bleibt der Zugang nicht allein elitären Kreisen oder einstigen Bediensteten vorbehalten, sondern steht allen offen. Zumindest jenen, die sich das Ticket leisten können.

Eine besondere Rolle in der Geschichte Chenonceau spielte Simone Menier (1881–1972), geborene Simonne Legrand. Während des Ersten Weltkriegs verwandelte sie das Schloss in ein Militärkrankenhaus, das vollständig von ihrer Familie finanziert wurde. Als leitende Krankenschwester organisierte und koordinierte sie die Versorgung von über 2.250 verwundeten Soldaten zwischen 1914 und 1918.

Doch ihr Engagement endete nicht mit dem Krieg. Während des Zweiten Weltkriegs wurde Simone Menier zu einer bedeutenden Figur des Widerstands. Durch die Galerie des Schlosses half sie Menschen, in die freie Zone zu fliehen. Mit Mut und Entschlossenheit nutzte sie die historische Pracht von Chenonceau nicht für Glanz und Repräsentation, sondern als Zufluchtsort – ein weiteres Kapitel in der langen Geschichte dieses außergewöhnlichen Ortes.

Ein Ort der Herrschaft, der mich nur bedingt in seinen Bann zog – und mich zu guter Letzt doch gezwungenermaßen festhielt. Die Rückfahrt nach Tours verzögerte sich um zwanzig Minuten: Im Zug hatte ein armer citoyen français randaliert und die Mitreisenden belästigt. Ein erbärmlicher Zeitgenosse, der umgehend von zwei Gendarmen abgeführt wurde. Für diesen Mann also ebenfalls eine Begegnung mit der Macht – wenn auch in ihrer unbarmherzigsten Form.

Herrschaft kann prachtvoll oder banal sein, erhaben oder erbärmlich. Mal thront sie über Flusslandschaften in steinernen Monumenten, mal greift sie unscheinbar, mit festem Griff, nach dem Handgelenk eines Gestrauchelten und manchmal sogar nach dem eines Bettlers. Doch stets bleibt sie dasselbe Spiel – nur mit wechselnden Kulissen.

Une question de République

Mein zeitlich begrenztes Exil steuert seinem Ende entgegen und hat mir viele neue Eindrücke und Überlegungen beschert. Der klare Blick aus dem Zug von Tours nach Paris Austerlitz bleibt mir jedoch verwehrt – dichter Morgennebel verhüllt die Landschaft. Eine passende Metapher, denke ich mir, während ich diese Zeilen niederschreibe. Vielleicht bietet mir der Nebel ja nicht nur die Gelegenheit zum Schreiben, sondern auch die Möglichkeit, einen klareren Blick auf die politischen Geschehnisse zu entwickeln.

Ausgerechnet auf der Place de la République steige ich in Paris aus der Metro – einem Platz, der seinen Namen trägt wie ein Versprechen, das es stets aufs Neue einzulösen gilt.

Ein kleiner Imbiss im Café Pierre. Es ist Sonntag, und mein Blick schweift über das gemächlich dahinfließende Treiben der angrenzenden Boulevards. Das Café Pierre ist ein typisches Pariser Bistrot – doch bei weitem nicht so emblematisch wie das Café de Flore. Und doch, ohne den Anspruch auf tiefere philosophische Überlegungen, bemühe ich das Internet und vertiefe mich in die Geschichte der französischen Republiken. Die Franzosen nummerieren ihre Republiken, um die politischen Systeme und Verfassungen zu kennzeichnen, die seit der Revolution von 1789 entstanden sind. Jede Republik markiert nicht nur einen Bruch, sondern den Versuch einer politischen Neugestaltung. Seit 1958 befindet man sich in der Fünften Republik – eingeführt unter Charles de Gaulle mit einer neuen Verfassung, die das Land in ein semipräsidentielles System überführte.

Die Nummerierung ist weit mehr als eine bloße Zählweise – sie ist ein stiller Kommentar zur Vergänglichkeit der Macht, ein Versuch, Geschichte in geordnete Abschnitte zu zwingen, obwohl sich die Mechanismen dahinter oft nur neu maskieren. Ein neuer Name, eine neue Zahl – doch das Drehbuch bleibt erstaunlich gleich.

Wie einst Könige und Kaiser durch römische Ziffern voneinander unterschieden wurden, dient sie der historischen Einordnung. Man markiert Brüche, betont Neuanfänge, als ließe sich der Lauf der Geschichte mit einer simplen Zahl bezwingen. In Frankreich endete die Reihe der Charles mit Charles X – zumindest offiziell. Doch wer bestimmt eigentlich, wann wirklich Schluss ist?

Hier thront er nun, Charles MCMXLVIII – ein Herrscher ohne Reich, ein Titel ohne Gewicht, eine Zahl ohne Bedeutung.

Die papierenen Insignien der Macht glänzen auf seinem Haupt, als hätten sie je Bestand gehabt. Der Saal erstrahlt in einer Pracht, die selbst die Bourbonen anerkennend nicken ließe. Die römische Zahl hinter seinem Namen verspricht Größe, doch in Wahrheit erzählt sie von nichts als der ewigen Wiederholung. Wie oft hat sich Geschichte schon neu nummeriert, nur um im Alten steckenzubleiben?

Europa neu denken

In einer Radiosendung äußerte sich ein Politiker zur Neuordnung der Machtstrukturen in der EU – ein großer Wurf angesichts der komplizierten Weltlage, aber wie so oft ohne erkennbare Substanz. Visionen? Fehlanzeige.

Doch vielleicht ließe sich ja nach dem Vorbild der Grande Nation eine **Republik 5.1** für ganz Europa basteln – eine Art Beta-Version der Zukunft, mit genügend pielraum für künftige Updates, Bugfixes und notfalls einen kompletten Systemabsturz. Schließlich war Politik schon immer ein Experiment mit ungewissem Ausgang.

Um den Leaderposten in diesem System wäre das große Bettel(n) – politisch gewandt, aber doch unverkennbar – unter den europäischen Staatsmänninnen gewiss enorm.

Dieses ausgesprochen politische Kapitel schließe ich mit einer Weisheit von Kaiser Franz: ‚Schaun mer mal, dann sehn mer scho.‘ Ein Leitspruch, der – ob nun von Franz, François oder Franziskus – in seiner tiefgründigen Weltweisheit universell bleibt.

Damit mir der Durchblick – metaphorisch wie optisch – nicht abhandenkommt, habe ich mir vorsorglich ein Brillenputztuch gegönnt. Wo? Natürlich in Chenonceau, im Schloss-Shop. Und was prangt darauf? Eine majestätische Luftaufnahme genau jenes Schlosses. Ein Schelm, wer dabei an Zirkelschlüsse denkt.

Nevers ....

Die Reiseideen der SNCF wollte ich unbedingt nutzen – und so fiel Anfang März die Wahl auf einen viertägigen Trip nach Nevers.

Dem Ausflug vorausgegangen war eine Woche voller Frühlingsgefühle: strahlender Sonnenschein, milde 18 Grad, eine leise Ahnung von Neubeginn in der Luft. Also die spontane Entscheidung: Auf in die Bourgogne! Nicht in die berühmten Weinregionen, sondern in das weniger bekannte, aber ebenso faszinierende Zentralburgund. Eine Gegend, die mit anderen, nicht minder reizvollen Schätzen lockt – historischen Kleinoden, stillen Loire-Ufern und einer Atmosphäre, die zwischen Geschichte und Gelassenheit schwebt.

Diesmal war es nicht eine der üblichen, gelegentlich nervenaufreibenden Verspätungen der französischen Bahn, die für Unruhe sorgte. Kurz hinter Metz ließ ein Stromausfall den Zug abrupt zum Stillstand kommen – ein leises Raunen ging durch die Abteile, vereinzelte besorgte Blicke, eine gedämpfte Unruhe. Mich jedoch beunruhigte etwas ganz anderes: Mit jedem Kilometer, den wir zurücklegten, verdüsterte sich der Himmel, als würde er sich in ein finsteres Versprechen hüllen.

.... et le Revers de la Médaille

Wie oft hatte ich beteuert, dass mir das Wetter egal sei? Eine Behauptung, die sich nun als Selbstbetrug entlarvte – nicht anders wie bei einem Kind, das einmal von einer Süßigkeit gekostet hat und nun nicht mehr davon lassen kann. Ich hatte mich an die Frühlingssonne gewöhnt, mich von ihr einlullen lassen, als sei sie eine Selbstverständlichkeit. Und nun, da sich die Wolken zusammenschoben, spürte ich, wie sehr ich sie vermisste.

In Nevers empfing mich ein tief hängender Himmel, aus dem feiner Nieselregen sickerte und sich lautlos über die Stadt legte. Die Fassaden wirkten blass, die Straßen schienen noch verschlafener, als sie es vermutlich zu dieser Zeit ohnehin waren. Mein erster Eindruck war so gedämpft wie das Licht, das kaum durch die Wolken drang. Zwei Tage in dieser Tristesse – würde das auszuhalten sein?

Dann die WhatsApp-Nachricht von Caroline, der Inhaberin des Hotels Villa du Parc. Sie wollte wissen, wann ich ankommen würde. Als ich ihr bestätigte, dass ich es noch vor Schließung der Rezeption schaffen würde, schien sie merklich erleichtert – ein Detail, das mich im Nachhinein hätte stutzig machen sollen.

Ein fünfzehnminütiger Fußmarsch vom Bahnhof bis zur angegebenen Adresse brachte mich bereits leicht ins Schwitzen. Doch als ich schließlich vor der Tür stand und sie verschlossen vorfand, geriet mein Körper in einen völlig neuen Modus irgendwo zwischen nervösem Schwitzen und kaltem Angstschweiß. Nicht mehr nur wegen der Bewegung, sondern aus der aufkeimenden Erkenntnis, dass meine Nacht wohl eher unter dem freien Himmel von Nevers als in einem kuscheligen Hotelzimmer enden könnte. In meinem Kopf formierte sich bereits der Notfallplan: Wird die Bahnhofshalle nicht um Mitternacht verriegelt? Und falls doch – wie bequem ist eine Bank im angrenzenden Park Roger Salengro wirklich? Erneut wurde mir die wahre Natur des Reisens klar: Sich auf das einzulassen, was man nicht geplant hat. Oder, um es mit einem anderen Bild zu sagen: Die Medaille dreht sich, ob man will oder nicht – und manchmal landet sie auf der Seite, die man nicht erwartet hat.

Caroline und die Hotels

Ich klingelte einmal. Keine Reaktion. Ein zweites Mal. Dann endlich – die Tür öffnete sich, und vor mir stand eine freundliche Dame mit warmem Lächeln. Sie stellte sich als Carolines Schwester vor und erklärte mir in entschuldigendem Ton, dass es leider nur noch ein winziges Zimmer für mich gäbe. Doch Caroline hätte bereits eine Lösung: ein größeres Zimmer, zwei Häuser weiter, im Hôtel de Verdun – natürlich zum gleichen Preis.

Also nahm ich mein Gepäck wieder auf und machte mich auf den Weg zur neuen Adresse. Dort klingelte ich erneut. Diesmal öffnete Caroline selbst. Mit einer Mischung aus Herzlichkeit und Bedauern entschuldigte sie sich für den starken Geruch nach frischer Farbe – das Hotel werde gerade renoviert und sei erst seit zwei Tagen überhaupt wieder geöffnet.

Drei Nächte später, beim Check-out, hielt ich die Rechnung in der Hand. Im Briefkopf prangte Hotel du Parc. Doch in den Untiefen des Internets war es als Hotel des Ducs gelistet. Und wer das Hôtel de Verdun – Au chat qui roule suchte, fand es – an genau derselben Adresse.

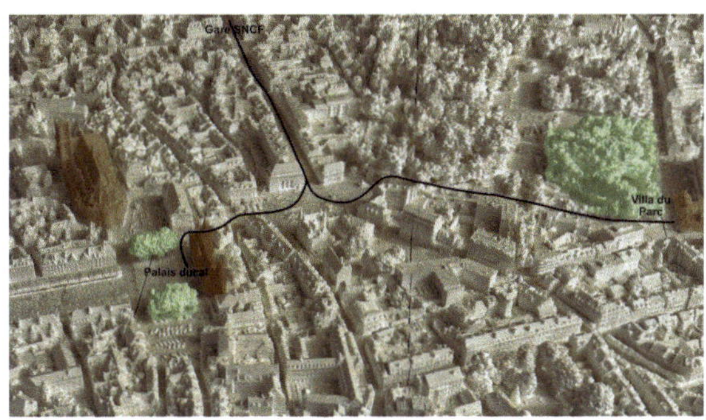

Zwei freundliche Damen, ein Hotel mit drei Namen – und ich mittendrin in diesem charmanten kleinen Verwirrspiel. Ein Verwirrspiel, das kein Ende nehmen sollte.

Ob im renovierten Altbau überhaupt Hotelzimmer in den oberen Stockwerken existierten, entzieht sich meiner Kenntnis. Jedenfalls bot mir Caroline mit gewinnendem Lächeln ein sehr geräumiges Zimmer plain pied an – ebenerdig. Wohl aus Rücksicht auf mein Alter. Ein Angebot, das ich mit der Fassung eines Menschen entgegennahm, der gerade sanft, aber unmissverständlich in die Kategorie „nicht mehr ganz taufrisch" eingeordnet wurde.

Dann die nächste Überraschung: Um zum Zimmer zu gelangen, durchquerten wir einen Innenhof mit freiem Blick auf die grauen Wolken, die erbarmungslos die Situation beweinten. Und dies taten sie jeden Morgen bei meinem Gang zum Frühstücksraum, als wollten sie mir unmissverständlich klarmachen, dass sie, genau wie ich, zu der Erkenntnis gelangt waren, dass dieses Wetter keinerlei Hoffnung auf Besserung hatte.

Im Parc Salengro wirkten die städtischen Bediensteten wie Statisten in einem müden Nachspiel. Sie räumten die letzten Überreste von der Ankunft der Etappe des Paris-Nice-Radrennens zusammen, stapelten Absperrgitter, rollten Teppiche ein, verstauten Banner. Doch ihre Bewegungen waren träge, ihr Tun widerwillig. Das nieselige Grau des Himmels hatte nicht nur die Straßen durchtränkt, sondern auch ihre Motivation.

Ich spürte es. Und ich erinnerte mich. In meinen eigenen Radfahrertagen hatte ich dieses Wetter verflucht. Der kalte Niesel, der sich durch jede Schicht Kleidung fraß, der stumpfe Himmel, der das Licht verschluckte, der glitschige Asphalt, auf dem die Reifen rutschten. Wie mochte es den Fahrern ergangen sein? Ein Mannschaftszeitfahren in dieser trostlosen Nässe – ein Wettkampf gegen die Uhr, den Wind und die eigene Kälte. Die Gefühlslage der Fahrer interessierte mich. Ich wollte es wissen.

Ab nach Vichy

Der Start der nächsten Etappe fand in der legendären Thermalstadt Vichy statt – eine knappe Stunde Zugfahrt von der Bourgogne in die Auverne. Eine knappe Stunde, in der der Regen unaufhörlich gegen die Scheiben schlug, während ich in meinem warmen Waggon saß, geschützt vor dem klammen Grauen da draußen. Ein Moment der Ruhe, bevor ich mit den Fahrern und deren Begleitern in die Vorbereitungen eines neuen Kampfes gegen die Elemente eintauchte.

Bis zum Start blieben zweieinhalb Stunden – Zeit genug, um die Stadt zu erkunden. Vichy, diese merkwürdige Mischung aus Eleganz und verblasstem Glanz, präsentierte sich wie eine Kulisse aus einer anderen Epoche. Das Palais des Congrès und die Opéra, beide Teil desselben imposanten Gebäudekomplexes, schmückten sich mit verspieltem Jugendstil, als wollten sie die

Belle Époque in die Gegenwart retten. Dann das Große Thermalbad, dessen neomaurische Bögen eine fast exotische Note in die Auvergne brachten – ein Hauch von Orient unter grauem Himmel. Und schließlich die Thermes des Dômes, ein architektonisches Juwel aus dem Jahr 1903, das mit seiner neobyzantinischen Pracht, einer zentralen Kuppel und opulenten Innenräumen beeindruckte. Wandmalereien, emaillierte Fliesen, ein Hauch von kaiserlichem Glanz – als hätte man hier einst nicht nur nach Heilung, sondern auch nach Schönheit gesucht.

Die regennassen Straßen lagen still, fast menschenleer. Die wenigen Passanten, die meinen Weg kreuzten, schienen allesamt ein Ziel zu haben: den Start des Rennens. Niemand schien sich für die Stadt selbst zu interessieren – außer mir. Für einen Moment hatte ich das Gefühl, als wäre ich der einzige Fremde hier, ein Beobachter in einer Stadt, die an diesem Tag von niemandem wirklich beachtet wurde.

Genau rechtzeitig fand ich mich etwa zehn Meter von der Startlinie entfernt wieder, den Blick fest auf die wartenden Fahrer gerichtet. Ihre Gesichter erzählten Geschichten – oder verbargen sie. Die Klassementfahrer blieben reglos, maskenhaft, als hätten sie sich längst von Wetter und Umständen losgelöst. Doch über den Helfern, den Wasserträgern, den stillen Arbeitern des Pelotons, schwebte ein unausgesprochenes Fragezeichen.

Mir war, als könnte ich ihre Gedanken lesen. Oder waren es meine eigenen? Der Wettergott, heute launisch und unerbittlich, ließ den Regen unnachgiebig auf die Szenerie niederprasseln, als wolle er prüfen, wer hier wirklich durchhielt. Und ich spürte, dass sich viele von ihnen – ebenso wie ich – dieselbe Frage stellten:

„Weshalb tue ich mir das an?“

Auf dem Rückweg nach Nevers – immerhin eine Strecke von knapp 120 Kilometern, auf der die Züge stellenweise 200 km/h erreichen – hoffte ich, dem in seiner Beharrlichkeit kaum zu übertreffenden Wettermacher zu entfliehen. Doch kaum angekommen, wurde mir klar: Bei Toutatis! Der Himmel schien immer noch auf mich herabzustürzen.

Resignation war die einzige sinnvolle Option. Ich verkroch mich für zwei Stunden in mein Hotelzimmer, verfolgte Paris-Nice auf dem Bildschirm und bedauerte das Fahrerfeld, das unter apokalyptischen Bedingungen dem Ziel entgegenstürmte. Der Wind tobte, Hagel und Regen prasselten – und ich stellte fest, dass es manchmal ein Segen sein kann, ein Zuschauer zu sein. Oder, um

es weniger schmeichelhaft zu sagen: ein Sofa-Athlet mit Zentralheizung und festem Dach über dem Kopf – ein Umstand, der mir immerhin trockene Tücher bescherte. Ganz im Gegensatz zum Sieger, der heute wohl selbst nicht wusste, wie er seinen Erfolg in solche hätte bringen sollen – was ihn allerdings auch nicht davon abhielt, am Ende buchstäblich auf dem Siegerpodest im Regen zu stehen.

Zurück bei den Nivernais

Am nächsten Morgen auf dem Weg zum Frühstückstisch: Beim Gang durch den Innenhof stellte ich überrascht fest, dass der Regen sein frühmorgendliches Stelldichein tatsächlich verpasst hatte. Doch meine Erleichterung war verfrüht. Er hatte sich lediglich um eine Stunde verschlafen – und nun, noch schlaftrunken, fiel er träge vom Himmel, als hätte er in der Nacht ein Glas zu viel genossen und kämpfte jetzt mit einem wetterbedingten Kater.

Ein Spaziergang durch die Altstadt von Nevers war an diesem morgen Pflicht. Glücklicherweise sind die Nivernais gut vorbereitet auf orientierungssuchende Besucherinnen und Besucher. Wer dem fil bleu – einer auf den Boden gezeichneten blauen Linie – folgt, verpasst keine der wichtigsten historischen und kulturellen Sehenswürdigkeiten der Stadt. Ein durchdachtes System, das unaufdringlich leitet und zugleich den angenehmen Nebeneffekt hat, dass man, anders als mit einem knisternden Stadtplan in der Hand, nicht sofort als Tourist enttarnt wird – jedoch der Gefahr ausgesetzt ist, durch allzu konsequentes Starren auf den Boden das Interessanteste um sich herum zu verpassen.

Vielleicht haben Sie bemerkt, dass ich von Besucherinnen und Besuchern sprach, aber die Nivernais ganz ohne geschlechtersensible Ergänzung stehen ließ. Ah punaise, dieses Gendern – eine Disziplin, die mit der Präzision eines Seiltänzers zwischen Inklusion und unfreiwilliger Komik balanciert. Während das generische Maskulinum in Frankreich meist ohne größere Irritationen auskommt, lauern in Nevers unerwartete sprachliche Stolpersteine.

Wer es allzu genau nimmt und die Nivernaises ausdrücklich erwähnt, läuft Gefahr, sich unversehens bei den punaises wiederzufinden – ein Wort, das, je nach Ohr, nicht nur an Wanzen und Reißzwecken erinnert. Ein harmloses Missverständnis? Vielleicht. Doch für jene, die der französischen Sprache nicht ganz so vertraut sind, dürfte es befremdlich sein, dass die charmanten Bewohnerinnen von Nevers in einem Atemzug mit stechenden

Insekten und fragwürdigen Flüchen genannt werden. Eine linguistische Tretmine, die sich nur durch geschicktes Umgehen entschärfen lässt – oder durch die stoische Akzeptanz, dass Sprache manchmal eben ihre eigenen Scherze treibt.

Und so bleibt am Ende die Frage: Was wiegt schwerer? Die Gefahr einer stilistischen Unschärfe oder das Risiko, unbeabsichtigt die Einwohnerinnen einer ehrwürdigen Stadt nicht nur mit stechenden Insekten in Verbindung zu bringen? Vielleicht ist das generische Maskulinum hier doch die weniger pieksige Lösung.

Über Kathedralen und Paläste

Als hätte es nicht schon genügend Anstrengung gekostet, dem miesen Wetter und den Kapriolen von Toutatis zu trotzen, stellte sich heraus, dass der Himmel keineswegs bereit war, mir mit Nachsicht zu begegnen.

Ich trat ins Innere der Kathedrale Saint-Cyr-et-Sainte-Julitte – ein faszinierendes Zeugnis religiöser Kunst und Architektur, in dem sich historische und moderne Elemente begegnen. Mit der berechtigten Hoffnung, hier einige ruhige Momente der Kontemplation in kunstvoll gestalteter Umgebung zu genießen.

Doch – oh punaise (pardon) – die Heiligenfiguren lagen achtlos in metallenen Stellagen, als hätte man sie ausrangiert und vergessen. Ein sakraler Abstellraum, der dem Betrachter unweigerlich das Gefühl vermittelte, dass ihre Dienste endgültig nicht mehr benötigt wurden. Der gesamte Innenraum strahlte eine Atmosphäre tiefster Trostlosigkeit aus, als hätte sich das Grau des Draußens nahtlos hier drinnen fortgesetzt.

Seit Jahren wird die Kathedrale renoviert, und ein Ende der Arbeiten ist nicht abzusehen. Ein Zustand zwischen Baustelle und Vergessenheit. Ich ließ den Blick durch das Halbdunkel schweifen, versuchte mir die Pracht vergangener Tage vorzustellen – oder die Zukunft, in der diese Mauern wieder in vollem Glanz erstrahlen würden. Und während draußen der Regen unermüdlich weiterprasselte, schoss mir in einer Mischung aus Trotz und leiser Hoffnung und in Anlehnung an eine Zeile in dem Lied „Le Temps des Cathédrales" (Musical Notre-Dame de Paris) folgender Gedanke durch den Kopf:

„Il reviendra, le Temps des Cathédrales!"

Mit hängenden Schultern steuerte ich das Palais Ducal an, ein beeindruckendes Bauwerk, das mit seinen filigranen Türmen und der kunstvollen Fassade an die einstige Pracht der Herzöge von Nevers erinnert. Doch während die Fassade eine Geschichte aus vergangenen Jahrhunderten erzählt, schlägt das Innere des Palasts eine Brücke in die Moderne.

Im Untergeschoss dieses ehrwürdigen Gebäudes entfaltet sich die Geschichte von Nevers auf eine überraschend innovative Weise. Die Ausstellung im Centre d'Architecture et du Patrimoine ist weit mehr als eine bloße Aneinanderreihung historischer Exponate. Statt verstaubter Vitrinen und trockener Informationstafeln erwartet die Besucher eine dynamische Inszenierung, die

die Vergangenheit der Stadt zum Leben erweckt. Multimedia-Animationen lassen frühere Epochen auferstehen, während Bodenprojektionen topografische Veränderungen sichtbar machen und aufzeigen, wie sich die Stadt über Jahrhunderte hinweg ausgebreitet hat. Audiokommentare, mal sachlich-informativ, mal atmosphärisch und erzählerisch, begleiten die Besucher durch die Ausstellung und verbinden Einzelschicksale mit den großen historischen Entwicklungen. Besonders eindrucksvoll ist die Art und Weise, wie Nevers als eine Stadt zwischen Wasser, Stein und Mensch dargestellt wird.

Die Loire, Frankreichs letzter großer Wildfluss, war seit jeher Lebensader und Herausforderung zugleich. Sie brachte Wohlstand durch Handel, doch auch Zerstörung durch Hochwasser. Der Stein wiederum, aus dem Brücken, Mauern und Gebäude errichtet wurden, erzählt von einer Stadt, die immer wieder mit ihrer Umwelt gerungen hat – mal, indem sie sich anpasste, mal, indem sie sie zu formen versuchte. Und schließlich der Mensch, der durch seine Bauwerke, seine Kultur und seine immer wiederkehrenden Anpassungsstrategien den Geist von Nevers über die Jahrhunderte hinweg geprägt hat.

Hier wurde mir auch das Mikroklima der Region nähergebracht – ein sensibles Zusammenspiel, in dem die Loire eine entscheidende Rolle spielt. Nevers zählt durchschnittlich 110 Regentage im Jahr, was bedeutet, dass es an etwa einem Drittel aller Tage nass von oben wird. Besonders im Frühling und Herbst zeigt sich das Wetter von seiner unberechenbaren Seite: Regen kommt und geht nach eigener Laune. Die Sommer sind lang und sonnig, die Winter kalt und oft in dichte Nebelschwaden gehüllt. Insgesamt überwiegen Wolken und Feuchtigkeit die sonnigen Tage – eine melancholische Grundstimmung, die die Stadt fast wie einen ständigen Begleiter umhüllt.

Ich hätte es also ahnen müssen. Hier, wo die Nähe zum Fluss und die geografische Lage ein launisches Wettergeschehen begünstigen, wechseln sich gemäßigte Bedingungen mit plötzlichen Extremen ab. Oder, um es mit einer luxemburgischen Redewendung zu sagen:

„Nom Reen kënnt d'Sonn." Theoretisch jedenfalls.

Ein Spiel mit den Erwartungen

Es ist eine seltsame Ironie des Reisens: Man bricht auf, um Neues zu entdecken, aber oft genug begegnet man vor allem sich selbst. Ich hatte mir die Bourgogne als ein sanftes, sonnengetränktes Idyll ausgemalt, eine Szenerie, die sich harmonisch an meine Frühlingslaune anpassen würde. Doch Nevers zeigte mir eine andere Seite – eine Stadt im Regen, deren Schönheit sich nicht auf den ersten Blick aufdrängt, sondern erarbeitet werden will.

Vielleicht liegt genau darin der wahre Reiz des Unterwegsseins: in der Unvorhersehbarkeit, in der Kunst, sich dem hinzugeben, was nicht im Reiseführer steht. Manche Orte sind Postkartenmotive, die sich leicht lieben lassen. Andere, wie Nevers, offenbaren ihre Essenz erst, wenn man bereit ist, sich auf ihre Eigenheiten einzulassen.

Der Regen hatte mich genervt, aber er hatte auch meine Wahrnehmung geschärft. Die glitschigen Pflastersteine, das fahle Licht, die gespiegelten Fassaden in den Pfützen – all das hatte eine eigene, melancholische Schönheit, die ich an Tagen mit einem makellos blauen Himmel nie bemerkt hätte.

<u>Und so ist Reisen immer auch eine Lektion in Gelassenheit. Erwartungen lösen sich auf, Pläne müssen weichen, und am Ende bleibt nicht nur das, was man gesehen hat, sondern vor allem, was man dabei gefühlt hat.</u>

Nevers war nicht das, was ich erwartet hatte und was die SNCF mir versprochen hatte. Aber genau deshalb werde ich es nicht vergessen.

Eine Reise jenseits der Jahre

Es gibt Begegnungen, die sich jeder Chronologie entziehen. Menschen, die einem vertraut erscheinen, noch bevor Worte die Brücke schlagen. Orte, die nicht bloß Kulisse sind, sondern Resonanzräume, in denen etwas anklingt, das schon immer da war – als hätten sie nur auf genau diesen Moment gewartet.

„Es gibt keine Zufälle", hatte damals die ‚Dame de Mulhouse' gesagt, als wir uns auf einem regennassen Bahnsteig im Elsass begegneten – eine jener Koinzidenzen, die sich im Rückblick fast zwangsläufig anfühlen. Unsere Wege hatten sich an diesem Tag gekreuzt, nicht als Teil eines großen Plans, sondern weil das Leben manchmal genau die richtigen Menschen im genau falschen Moment zusammenführt. Die Verbindung blieb bestehen, wenn auch nur als leiser Strom aus sporadischen Nachrichten. Und doch war da immer diese gegenseitige Bewunderung, als wäre zwischen den Zeilen mehr gesagt worden als in all den Worten.

Nun, zwei Jahre später, saß ich ihr gegenüber, an einem Restauranttisch, der zugleich Brücke und Anker war. Sie, 27 Jahre jünger als ich, und doch war Zeit nichts, was zwischen uns lag. Sie war nicht Barriere, nicht Gefälle, keine Messlatte, die Erfahrung gegen Neugier aufwog. Stattdessen ein Gespräch, das sich in der Tiefe traf, nicht an der Oberfläche rieb. Was uns verband, war nicht eine geteilte Biografie, sondern etwas Ursprünglicheres – eine Resonanz, die sich nicht in Jahren bemisst, sondern in der Intensität des Augenblicks.

Reisende als Spiegel

Warum gibt es Menschen, die uns in einem Augenblick näher sind als andere nach Jahrzehnten? Es ist nicht die Summe gemeinsamer Erlebnisse, die Vertrautheit erschafft, sondern etwas Feineres: die Art, wie wir uns in den Augen des anderen erkennen.

Manche Menschen sind wie gut gesetzte Spiegel – nicht jene, die schmeicheln oder verzerren, sondern solche, die das Wesentliche freilegen. Vielleicht ist das die eigentliche Magie der Nähe: Nicht, weil wir einander ergänzen, sondern weil wir uns gegenseitig sichtbar machen.

In ihrem Blick spiegelte sich meine eigene Sehnsucht nach Weite, nach Bedeutung, nach dem Unerwarteten. Und vielleicht war es genau das, was die Zeit aufhob – weil das Wesentliche jenseits der Jahre liegt.

<u>Denn was sind Jahrzehnte, wenn sich ein Moment wie ein Zuhause anfühlt?</u>

Die Zeit als Illusion

Wir sprechen von Zeit, als wäre sie ein Strom, der uns mit sich reißt – doch manchmal gerät sie ins Stocken, löst sich auf, bleibt stehen. In solchen Momenten gibt es kein Davor und kein Danach. Nur das Jetzt.

Diese Begegnung war ein solcher Jetzt-Moment. Kein Schatten der Vergangenheit, keine vage Skizze einer Zukunft – nur das, was ist, in reiner Klarheit. Vielleicht ist genau das wahre Zeitlosigkeit: wenn sich zwei Menschen begegnen, ohne sich an Erinnerungen festzuhalten oder Erwartungen zu weben.

Und vielleicht ist das die tiefste Form des Reisens – nicht in Länder und Städte, sondern in Bewusstseinsräume. In jene Zwischenwelten, in denen Nähe nicht aus gemeinsamen Lebensläufen oder äußeren Parallelen erwächst, sondern allein aus der Intensität eines einzigen Augenblicks. Eine Reise jenseits der Jahre.

Übung in Demut und Akzeptanz

Doch wenn die Jahre nicht das Trennende waren, was war es dann? Manchmal begegnet man jemandem und erkennt sich selbst. Nicht in der äußeren Form, nicht in der Biografie, aber in einer gemeinsamen Erfahrung, die unter der Oberfläche schlummert.

Sie hatte den Verlust ihres Gatten erlebt wie eine Amputation in ihrem Familiengefüge, und in ihren Erzählungen spürte ich etwas, das mir allzu vertraut war. Auch meine Familie existierte nicht mehr in der Form, die sie einst hatte. Der Tod hatte beidseitig eine Brücke eingerissen – für andere unsichtbar, aber zwischen uns spürbar.

Und doch waren die Konstrukte, die zuvor bestanden hatten, grundverschieden. Ich kam aus einer Zeit, in der Familien sich über Jahrzehnte hinweg stabil definierten – selbst dann, wenn sie brüchig wurden. Ihre Welt war eine andere gewesen: schneller, flexibler, vielleicht weniger verhaftet in Traditionen. Und doch war auch ihre Familie ein eigenes Universum gewesen, das sich um eine Mitte gedreht hatte, bis der Tod es aus der Bahn warf.

Vielleicht war das der wahre Unterschied zwischen uns. Nicht das Alter, sondern die Art, wie das Leben uns geformt hatte, bevor es uns diese Verluste zufügte.

Akzeptanz des Ungleichzeitigen

Unterwegs lernt man, dass nichts sich perfekt anpassen muss. Zugfahrpläne stimmen selten mit persönlichen Wünschen überein, das Wetter hält sich nicht an Prognosen, und Begegnungen geschehen nicht dann, wenn es einem gerade passt.

Vielleicht gilt das auch für die Momente der Nähe zwischen uns. Sie waren da, sie waren echt, aber sie standen auf Fundamenten, die ungleich waren. Ich spürte ihre Sehnsucht nach etwas Neuem, das auf den Trümmern des Alten entstehen konnte. Und ich wusste, dass ich auch meine eigene Vergangenheit nicht auslöschen konnte – doch ich hatte gelernt mit ihr zu leben.

War das ein Hindernis? Vielleicht. Vielleicht aber auch nicht.

Vielleicht sind Begegnungen wie Bahnhöfe: Orte, an denen man sich für eine Weile begegnet, ohne zu wissen, ob man in denselben Zug steigt. Und vielleicht ist das keine Tragik, sondern einfach das Wesen des Reisens – und des Lebens selbst.

Carpe Diem

Carpe diem heißt wörtlich übersetzt: „Pflücke den Tag", wird jedoch meist im Sinne von „Nutze den Tag" verstanden. Die Formulierung stammt aus einem Gedicht von Horaz (Oden 1.11):

Carpe diem, quam minimum credula postero – „Pflücke den Tag, vertrau möglichst wenig auf den nächsten."

Darin liegt eine gewisse Tiefe, die man nicht nur als Handlungsaufforderung im Sinne von „Mach was draus" lesen kann. Es geht nicht nur um Produktivität oder Erlebnismaximierung, sondern um Wachheit – um die Kunst, den Augenblick bewusst zu erleben, ihn überhaupt zu bemerken.

Also: nicht nur tun, sondern spüren.

Pflücken heißt auch: innehalten, wahrnehmen, den Moment nicht unbeachtet lassen, bevor er verwelkt – und womöglich mit ihm auch ich. Denn die Zeit wird unweigerlich kommen, in der ein Sonnenaufgang Ende März – der Frühling hat gerade erst um Einlass gebeten – mich nicht mehr zu früher Stunde aus dem Bett locken wird.

Zwischen Licht und Vergehen

Doch heute war dieser Moment noch nicht da.

Die Luft war mild, fast schmeichelnd. Temperaturen bis 18 Grad waren angekündigt, und die Sonne bereitete ein lauwarmes Tuch über Straßen, Wiesen und Dächer. Es war einer dieser ersten Frühlingstage, an denen selbst das Schweigen draußen heller klingt.

Schon in der vergangenen Woche hatte ich einen Vorgeschmack davon erhalten – ganz beiläufig, auf einem jener Ausflüge, die nicht geplant sind, sondern sich eher ergeben. Ich war auf die Vennbahn gestoßen, eine ehemalige Eisenbahntrasse, längst stillgelegt und nun in ein Band aus Asphalt und Erinnerung verwandelt. Ein Radweg, 125 Kilometer lang, durch drei Länder: Luxemburg, Belgien, Deutschland.

Als bekennender Bahnfreund müsste man mir eigentlich eine sentimentale Ader unterstellen. Doch ich trauere den stillgelegten Strecken nicht nach. Mag sein, dass in mir sogar ein egozentrischer Altersoportunist die Führung übernommen hat – einer, der mich im Laufe der Jahre zu einem pragmatischen Spätgenießer werden ließ, der Nutzen über Nostalgie stellt.

Denn was diese alten Bahntrassen heute bieten, ist mehr als nur ein Weg: Sie sind ein Geschenk an die Langsamkeit.

Die geteerte Fahrbahn dieser Trassen bietet einem in die Jahre gekommenen Wandergesellen eine wundervolle Möglichkeit, mit erhobenem Haupt und offenen Augen durch die Landschaft zu streifen.

Auf Naturwegen hingegen – mit ihren gröberen Steinen, herabgefallenen Ästen und kleinen Stolperfallen – schleichen sich zunehmend Unsicherheiten ein. Ich senke den Blick, konzentriere mich auf die drei Meter vor mir liegende Bodenbeschaffenheit.

Aber vielleicht ist genau das der Gewinn: Der Zwang zum Innehalten, zum achtsamen Setzen der Schritte, zum Einlegen von Rastpausen öffnet Räume, die in der flüchtigen Bewegung verborgen bleiben. Vielleicht sind es diese kleinen Zwischenräume, die uns das Leben wirklich lehren – nicht die Gipfel, nicht die Täler, sondern die unscheinbaren Wege dazwischen. Die Fußabdrücke auf nassem Morast.

Was dem Tempo zum Opfer fällt, wird hier zum Geschenk: ein Vogelruf, ein welkes Blatt im Wind, das erste zögerliche Grün an einem Zweig, der vor ein paar Tagen noch kahl war.

Ich sehe meinen fortschreitenden Leistungsverfall nicht als Nachteil, sondern als Bereicherung. Denn er schärft die Aufmerksamkeit – zwingt mich, Aktivitäten auf einzelne, klar voneinander getrennte Momente zu verteilen, statt sie in einem Fluss zu durchlaufen.

Manchmal offenbart sich der eigentliche Reichtum nicht im Ganzen, sondern im Fragment. Im Unvollständigen, das nicht zwingt, sondern zeigt. In Momenten, die sich nicht verdichten lassen zu einem Ziel, sondern einfach nur sind.

Erst spät habe ich verstanden: Anwesenheit genügt. Ohne Absicht. Ohne Richtung. Ohne ein Danach.

<u>Einfach da sein – ganz.</u>

Erkennt man diesen Reichtum auch in jungen Jahren?

Vielleicht. Aber anders.

In der Jugend liegt der Zauber oft im Rausch – im Viel, im Schnell, im Noch. Man will nicht innehalten, sondern erleben, streckenweise überleben. Man hat Zeit im Überfluss und merkt es nicht. Der Blick richtet sich nach vorn, selten zur Seite.

Das Innehalten wirkt da wie ein Hindernis, nicht wie eine Gnade. Erst mit den Jahren, wenn sich die Kräfte neu verteilen und das Tempo natürlicherweise sinkt, tritt eine andere Qualität hervor. Die Tiefe des Moments wird spürbarer – nicht mehr als Hintergrundrauschen, sondern als Melodie.

Ein improvisierter Ausflug

Zu den oben skizzierten Gedanken führte ein Tag, der kaum hätte ungeplanter verlaufen können – dem Zufall überlassen, dem Augenblick hingegeben. Und gerade deshalb war er am Ende so erfüllend. In meiner abendlichen Rückschau empfand ich eine tiefe, beinahe stille Zufriedenheit, wie sie sich nur einstellt, wenn etwas Unerwartetes in Einklang fällt. Wie es dazu kam, fragen Sie sich vielleicht? Nun – hier der Ablauf:

Der Entschluss

Kein Plan. Nur ein Impuls – und ein Zug, der genau in dem Moment einfuhr, als ich am Bahnsteig stand. Wohin? Stadt Luxemburg. Warum nicht? Ich stieg ein, bevor der Gedanke zu Ende gedacht war. Noch bevor er ganz Form annehmen konnte.

Das Mittagessen

Bahnhofsrestaurant.Tagesplatte. Ein bewusster Verzicht auf die Freiheit der Menüauswahl. Keine Offenbarung – aber warm, sättigend, tröstlich. Ich aß wie jemand, der nicht wissen will, was ihn erwartet. Vielleicht lag genau darin der Reiz.

Die Verdauungspause

Ein Zug nach Ettelbrück, ein Bus nach Huldange. Die Landschaft rauschte vorbei, während mein Magen verhandelte. Vielleicht war es das Lamm mit der schweren Soße, vielleicht die plötzliche Erkenntnis, dass Pausen oft der Beginn von etwas sind.

Die Wanderung

Vennbahntrasse Richtung Lengerle – Asphalt, Schotter, Wind im Gesicht, Sonne im Genick. Die Füße fanden ihren Rhythmus, der Kopf ließ los. Zurück durch den Wald nach Wemperhardt, begleitet vom Lichtspiel zwischen den Ästen.

Die Erholungsphase

Bus, dann Zug. Die Bewegung blieb, aber ich wurde stiller. Rückfahrt in einem Körper, der müde war, und einem Geist, der auf leise Weise leuchtete. Manchmal ist der Zufall eben ein besserer Planer als ich.

Das stille Glück

Ein kaum fassbares Glück schien mich durch den Tag zu begleiten: Jedes Mal erreichte ich – wie von unsichtbarer Hand geführt – binnen zehn Minuten die nächste Mitfahrgelegenheit. Und das soll Zufall sein?

Denn es bleibt die Frage: Gibt es Zufall wirklich?

Vielleicht ist der Zufall nur die Maske, hinter der sich das Unbegreifliche verbirgt. Eine Tarnung für das, was wir nicht kontrollieren, nicht erklären, nicht greifen können.

In den stillen Momenten glaube ich, dass wir von etwas Größerem gestreift werden – nicht von einem Gott, nicht von einem Schicksal, sondern von einer Art tiefer Ordnung, die sich dem Verstand entzieht. Eine Ordnung, die sich zeigt, wenn wir aufhören zu planen. Wenn wir aufhören, zu wollen.

Der Zufall als Riss im Gewebe des Alltags – und gerade dort dringt das Licht ein. Vielleicht ist es das, was mich so still glücklich macht an solchen Tagen: das Gefühl, dass ich nicht alles machen muss, damit es gut wird. Dass das Leben manchmal für mich denkt – und vielleicht sogar besser.

Zeit und Vertrauen

Vielleicht liegt das eigentliche Geschenk solcher Tage darin, dass sie Vertrauen stiften – nicht in das, was ich geplant habe, sondern in das, was einfach geschieht.

Wenn ich aufhöre, das Leben zu lenken – es nicht mehr halte wie einen Koffer, der stets griffbereit sein muss –, dann zeigt es mir manchmal etwas, das ich gar nicht gesucht habe.

Es sind nicht die großen Pläne, die mich tragen. Es ist dieses stille Einverstandensein mit dem, was kommt. Dieses Gefühl, dass ich auch ohne Richtung nicht verloren bin. Dass ich Teil bin – nicht Mittelpunkt, aber doch gemeint.

Denn es werden Tage kommen – später, stiller –, an denen mich ein Sonnenaufgang Ende März nicht mehr weckt. Der Frühling wird an meine Tür klopfen, und ich werde ihn hören – aber ich darf liegen bleiben. Es sei denn, eine senile Bettflucht treibt mich doch hinaus; aber auch das wird in Ordnung sein.

Vielleicht ist Vertrauen nicht das Gegenteil von Zweifel, sondern seine weichere Form. Der Zweifel fragt. Das Vertrauen lässt.

Und so lasse ich – mich, den Tag, die Dinge. Und finde, was ich nicht erwartet habe.

Missverständnisse

Vielleicht ist es genau dieses Loslassen, das sich so schwer vermitteln lässt.

Neulich – in einer Fernsehsendung – wurde ich gefragt, welche Reise die schönste gewesen sei. Der Moderator lächelte, als

ginge es darum, ein Hotel zu bewerten. Ich verstand die Frage –
doch ich tat mich schwer sie zu beantworten. Nicht, weil mir
keine schöne Reise einfiele. Sondern weil das Schöne für mich
woanders beginnt. Nicht bei der Strecke. Nicht bei den Sehenswürdigkeiten. Nicht bei der Frage, ob das Wetter mitspielte.

Ich versuchte zu erklären, dass das Reisen für mich ein Mittel ist,
kein Ziel. Dass ich unterwegs bin, weil ich suche – nicht nach
Orten, sondern nach diesen flüchtigen Augenblicken, in denen
etwas in mir zu schwingen beginnt.

Vielleicht ist es die kindliche Neugier, die mich noch immer begleitet – auch jetzt, Ende siebzig. Sie ist leiser geworden, aber
nicht schwächer. Eher klarer, kostbarer. Sie stellt keine Fragen
nach dem Sinn des Weges. Sie sucht das Wunder im Augenblick.
Und ich bin dankbar, dass sie geblieben ist – wie ein inneres
Licht, das leise und verlässlich brennt.

Aber ich fürchtete, ich kam nicht an. Vielleicht passte meine Antwort nicht ins Format. Vielleicht war ich zu leise.

Und vielleicht muss das auch so sein.

Denn das, was ich unterwegs finde, lässt sich nicht in fünf Sätzen
erzählen. Es zeigt sich nicht im Rückblick, sondern im Dazwischen. Im Moment, in dem ich nicht mehr weiß, wo ich hinwill
– und plötzlich spüre, dass genau das der Punkt ist.

Vielleicht sind improvisierte Spaziergänge und meine Reiseer-
lebnisse wie Papierschiffe auf offenem Wasser: leicht, vom Wind
getragen – flüchtig und frei. Und doch entgleiten sie, sobald man
versucht, sie festzuhalten.

Chaos ante portas

Ich hatte den ganzen Sonntag an meinen Texten gefeilt. Allmählich schob sich die Sonne durch die Wolken, und der späte Nachmittag wurde still – so, wie er es manchmal wird, wenn der Tag beschließt, nicht noch einmal aufzubrausen.

Ich verspürte Lust auf einen Spaziergang in vertrauter Umgebung – eine dieser Runden mit leichten Füßen, die den Gedanken Raum lassen. Etwa zwei Drittel des Weges hatte ich hinter mir, gerade begann ich, mich über das milde Abendlicht zu freuen, da hielt ein Auto neben mir.

Ein Fenster öffnet sich

Das rechte hintere Fenster surrte herab, und eine Frauenstimme klang heraus. Nicht unfreundlich, doch mit der unüberhörbaren Schärfe einer langen Irrfahrt: „Können Sie mir sagen, wo das Pflegeheim ist? Diese Umleitungen bringen einen ja um den Verstand."

Ich trat ein wenig näher. Der Motor lief weiter. Vorn saß ein Mann mit hochgezogenen Schultern, den Blick aufs Lenkrad geheftet wie ein Pilot auf riskanter Mission. Daneben, fast in sich zusammengesunken, eine zierliche alte Frau mit aufgestützter Handtasche – ein Mütterchen von stiller Gestalt, eingefasst in hektisches Getöse.

Ich erklärte den Weg ruhig, fast wie eine kleine Wallfahrt: rechts abbiegen, dann zweimal links, vorbei an einer Kapelle, die längst zur Bushaltestelle geworden war.

Ein knapper Dank, das Fenster schloss sich wieder – und die Karosse setzte sich mit einem genervten Ruck in Bewegung.

Ich dachte nicht weiter darüber nach. Doch das Schicksal hatte andere Pläne.

Fünf Minuten später traf ich sie wieder – auf einem kleinen Parkplatz, der sich an eine Kurve klammerte und dessen Kapazität schon mehrfach überschritten war. In einem uneleganten Manöver hatte der Fahrer gleich drei Autos zugeparkt.

Die Frau stieg aus, hastig gefolgt von einem kleinen Pudel, dessen Energie in direktem Widerspruch zu seiner Größe stand. In Sekunden hatte die dünne Flex-Leine sich fünfmal kunstvoll um meine Beine geschlungen. Vorn der Pudel, hinter mir das andere Ende. Ich fühlte mich wie die Kalbsrouladen meiner Mutter – fest verschnürt in Zwirn.

Während ich versuchte, mich mit Restwürde zu entwirren, öffnete sich der Kofferraum. Der Fahrer – noch immer unter Strom – zog einen Rollator hervor wie ein Krieger seine Rüstung.

Die alte Dame rang sich aus dem Wagen, als müsste sie einen inneren Berg erklimmen – Zentimeter für Zentimeter.

Die Tochter, nun ebenfalls ausgestiegen, ermahnte sie mit spitzer Stimme: „Du musst dich schneller bewegen, Mama!" Dann, vorwurfsvoll zum Gatten: „Den unerzogenen Hund hätten wir auch zu Hause lassen sollen!"

Ich war kaum entwirrt – weder ganz körperlich noch innerlich – da wandte sie sich mir zu, die Tochter. Ihr Blick suchte kein Gespräch, keine Zustimmung – nur ein Ventil.

„Sie hat mich als Kind sehr streng erzogen“, begann sie, und es klang weniger nach Erklärung als nach Urteil. „Aber wissen Sie – ich helfe gern, wirklich. Nur … sie hört nie auf mich. Jetzt bekommt sie ihren Erziehungsstil zurückgezahlt. Ich bin sehr streng mit ihr. Denn sie ist dumm. Sie versteht nichts mehr.“

Das sagte sie nicht mit Wut, sondern mit dieser kühlen Sachlichkeit, die erschreckt. Als sei alles geregelt: Vergangenheit, Gegenwart, Schuld und Vergeltung – ein Ordnungssystem ohne Spielraum.

Die Goldene Regel – dieser ethische Dauerbrenner aus allen Weltreligionen, volkstümlich gekürzt auf: Was du als Kind nicht willst, das man dir tu, das füg auch keinem Älteren zu – hätte hier gut gepasst.

Aber ich schwieg.

Was hätte ich sagen sollen?

Die alte Dame stand da, mit dem Rollator zwischen sich und der Welt, klein, mühsam atmend. Der Hund sprang an mir hoch, leckte mir die Hand – vielleicht eine stumme Einladung. Dann zerrte er an der Leine, als könne er das, was in der Luft lag, nicht länger aushalten.

Für einen kurzen Augenblick wich das ganze Durcheinander einer bitteren Klarheit.

Chaos ante portas – ja. Doch nicht das äußere Chaos bewegte mich. Es war das innere. Der Sturm, der längst begonnen hatte – irgendwo zwischen Kindheit und Pflegeheim. Es war einer dieser Momente, in denen die Zeit kurz innehält – nicht aus Ehrfurcht, sondern aus Überforderung. Alles war in Bewegung, doch nichts kam voran. Ich stand da, verstrickt in ein Geflecht aus Leine, Erwartung und innerem Kopfschütteln – ein stiller Zuschauer am Rand eines Dramas, das niemand als solches erkannte.

Das tägliche Glas Rotwein

Die Tochter war mit ihrem Frust noch nicht am Ende. Nun ging es um das tägliche Glas Rotwein, das ihre Mutter sich im Heim gönnte – eine Unverschämtheit, wie sie fand, allerdings weniger aus gesundheitlichen Bedenken als wegen des exorbitanten Preises, den die Heimleitung dafür verlange.

Ich sah zur alten Dame hinüber, die stumm und klein zwischen Rollator und Realität stand, und richtete mich schließlich an sie. Vielleicht um ihr beizustehen, vielleicht auch, weil ich in diesem absurden Moment einen Rest von Ordnung herstellen wollte.

Ich sagte leise, dass ich nur einen Grund kenne, auf Rotwein zu verzichten – den Alkohol selbst. Dann, fast wie im Vorbeigehen, erwähnte ich, dass alte Nerven manchmal nicht mehr so viel vertragen. Nicht, um zu belehren – eher, um ihr etwas in die Hand zu geben, das sie selbst einordnen konnte.

In dem Moment spürte ich, wie ich ins Schlingern geriet – zwischen dem Wunsch, etwas zu sagen, und dem Gefühl, mich einzumischen. Ein halber Schritt zu viel, hinein in ein Familienbild, in dem ich nie vorgesehen war. Die alte Dame nickte. Nicht zustimmend, eher bewahrend – als wolle sie sagen: *Ich nehme das zur Kenntnis, aber die Entscheidung, wie viel Leben noch ins Leben passt, treffe ich selbst.*

Ein Knäuel im Kopf

Ich setzte meinen Spaziergang fort – äußerlich ruhig, wie ein Mensch, der einfach seine Runde beendet. Doch innerlich hatte sich etwas verschoben. Die Gedanken, denen ich ursprünglich Raum lassen wollte, begannen sich zu verdichten – nicht frei und weit, sondern drängend, ineinander verschlungen, wie Stimmen, die alle gleichzeitig gehört werden wollen.

Als ich die Wohnungstür aufschloss, hatte ich das Gefühl, ein Leinenknäuel im Kopf zu tragen – nicht jenes wohlgeordnet aufgerollte Rouladenzwirn, das in Mutters Nähkorb ruhte, sondern ein wirres, eng verschlungenes Geflecht aus Gedanken, Erinnerungen und jener feinen, kaum greifbaren Unruhe, die sich zwischen den Nervenenden einnistet, wenn der Tag zu viel war.

Ein Knäuel: eng. Unübersichtlich. Vollkommen verworren.

Vielleicht war es am Ende genau das, was mich so beschäftigt hat: Dass ihr Leben – oder zumindest ihr Umgang damit – wie straff gespanntes Garn wirkte, verknotet in Regeln, Schuldrechnungen und spitzen Anweisungen. Als müsste alles festgezurrt sein, um nicht auseinanderzufallen.

Meines hingegen bleibt ein Leinenknäuel.

Ungeordnet, ja. Aber durchlässig. Mit losen Enden, die sich noch bewegen dürfen. Ich traue eher dem tastenden Schritt als der festen Marschrichtung. Und ich glaube, dass Würde nicht entsteht, wenn man das Chaos fernhält, sondern wenn man es aushält, ohne sich selbst zu verlieren.

Manche nennen das Schwäche.

Ich nenne es Leben.

Die Reise zwischen den Tagen

Es gibt Tage, da scheint das Licht von innen zu kommen. Nicht grell. Kein Scheinwerfer, kein Sonnenblitz auf spiegelndem Asphalt – eher wie das milde Leuchten einer Kerze, die im Inneren entzündet wurde. Draußen mag die Welt lärmen, drängeln, sich selbst widersprechen – doch in mir ist etwas still geworden. Nicht stumpf. Nur still.

Ich stehe am Fenster, atme langsam aus, und sehe zu, wie ein alter Mann mit seinem Hund um die Ecke biegt. Der Hund zieht, der Mann lacht. Ich weiß nicht, ob der Hund schon alt ist oder einfach nur stur. Vielleicht beides. Es ist ein zärtlicher Anblick – fast wie ein Spiegel, in dem ich ein Lächeln erkenne, das mir vertraut vorkommt. Manchmal sehen wir uns selbst erst dann wirklich, wenn wir die Welt mit einem gewissen Abstand betrachten – nicht mit der Entfernung der Gleichgültigkeit, sondern mit der Nähe des Verstehens.

Gestern noch fühlte ich mich wie aus der Zeit gefallen. Das Chaos hatte sich vor meine Tür gestellt – fordernd, aufgebracht, ohne Einladung. Und ich, der ich nichts mehr beweisen muss, hätte doch beinahe die Nerven verloren. Beinahe. Aber dann erinnerte ich mich: Auch das ist Teil der Reise. Auch das ist Leben – ein unvollkommener Tanz mit dem Unvorhersehbaren. Und manchmal ist der einzige Schritt, den man gehen kann, der nach innen.

Ich setzte mich, schloss die Augen. Lauschte. Erst auf das Ticken der Uhr, dann auf den Atem, schließlich auf das, was darunter liegt: jenes stille Feld, das in mir wohnt, wenn ich alles andere beiseite lasse. Es braucht Mut, dort zu verweilen. Mut zur Stille, zum Loslassen, zur ungefilterten Begegnung mit sich selbst.

Simone de Beauvoir hat recht: Das Alter ist nicht nur Ernte. Es ist auch Verlust, Verwundbarkeit, ein langsames Verschwinden aus dem Fokus der Welt. Und doch – es ist auch der Moment, in dem man sich selbst zum ersten Mal ganz gehört. Wenn man bereit ist, leise zu werden.

Elke Heidenreich sagt: Wir dürfen uns freuen. Dürfen essen, lachen, lieben – gerade jetzt. Weil das Leben nicht aufhört, solange wir atmen. Sie ermutigt dazu, das Altern anzunehmen und die damit verbundenen Veränderungen mit Offenheit und Lebensfreude zu begegnen.

Und Otfried Höffe bringt es auf eine fast spielerische Formel: Laufen, Lernen, Lieben, Lachen. Vier einfache Worte – und doch eine große Kunst. Sie erinnern daran, dass das Alter nicht nur ein Rückblick ist, sondern ein fortwährendes Unterwegssein. Dass auch im späten Leben Bewegung möglich ist – körperlich, geistig, emotional.

Ich glaube, sie alle haben recht. Und ich – ich reise zwischen ihren Welten. Mal mit leichtem Gepäck, mal mit einem Stein im Schuh. Mal mit einem Lächeln, mal mit einem Seufzer. Aber immer wach.

Denn das ist vielleicht das stille Geschenk des Alters: Nicht die Sicherheit, sondern die Erlaubnis, sich dem Leben zuzuwenden wie einem alten Reisegefährten. Ohne Angst, es zu verlieren. Weil man längst weiß: Man hat es nie besessen. Nur begleitet.

Yabba Dabba Our

Die Our ist einer jener Grenzflüsse, die sich still und doch bestimmend durch Landschaft und Geschichte ziehen. Dort, wo das Gewässer den Norden des Großherzogtums erreicht, berühren sich Luxemburg, Belgien und Deutschland – ein geografischer Händedruck dreier Nationen. Diesen Dreiländereck wollte ich erwandern.

Mit einem Augenzwinkern fällt mir sogleich die phonetische Gleichheit zu „ur" auf – wie in urgemütlich, urplötzlich oder uralt. Ein kleines Vorsilbenwunder, das sich wie ein Echo durch die deutsche Sprache zieht, irgendwo zwischen archaischer Tiefe und augenzwinkernder Übertreibung. Ich frage mich, ob die Our selbst nicht auch ein wenig „ur-" sei: urversteckt in Tälern, urwichtig für Grenzverläufe und mitunter urgemächlich in ihrem Flusslauf.

Die Gegend scheint jedenfalls wie gemacht für stille Gedanken und leise Umwege.

Frühmorgens, halb motiviert, halb nostalgisch, mache ich mich auf den Weg. In Clerf winke ich einen Bus, der vorbeischlich, gnädig durch – die Anzeige war falsch beschriftet, und mein Bauchgefühl flüsterte: Der ist's nicht. Nun ja, mein Bauchgefühl irrt selten, aber wenn, dann mit Haltung. Ergebnis: eine Stunde Wartezeit auf den nächsten Bus. Immerhin scheint die Sonne, als hätte sie Mitleid.

Mit großer Verspätung komme ich schließlich in Lieler an – jenem unscheinbaren Ort, an dem meine Wanderung zur Our beginnen soll.

Von hier aus geht es bergab, 3,5 Kilometer lang, mal steil, mal sanft – durch Wälder, über offene Wiesen, vorbei an leichten Windböen, die sich in den Ästen verheddern, und vereinzelt an anderen Wanderern, die ebenso still wirken wie die Landschaft selbst.

Jeder Schritt entlang des Flusses fühlt sich an wie ein Tasten durch Sprachbilder: Das Wasser plätschert wie ein Vers, der noch nicht ganz zu Ende gedacht ist. Und mit jedem Kilometer wächst das Gefühl, nicht nur durch eine Landschaft zu gehen, sondern durch eine semantische Topografie – durch ein Gelände aus Bedeutung, Geschichte und stillen Übergängen.

Gegen 14 Uhr erreiche ich das Europadenkmal bei Ouren, setze mich auf eine Bank und breite mein Picknick aus: Brot, Käse – und als rustikaler Höhepunkt ein Metzgereibecher *Feierstengszalot*. Ein (ou)riges Gericht, dessen Name klingt wie eine Warnung an Zahnprothesen und doch schmeckt wie Heimat in Essig und Senf. Übersetzt: Feuerstein-Salat – als hätte jemand versucht, die Zähigkeit des Landlebens in ein Rezept zu bannen.

Feuerstein-Salat? (Our)plötzlich, wie ein Comic-Donnerschlag, war das Bild da: Ich, kauend am Dreiländereck, als Fred Feuerstein auf Betriebsausflug – steiniger Pfad, zähes Fleisch und irgendwo in der Ferne das imaginäre „Yabba Dabba Doo“. Ein Ausdruck von Glückseligkeit, wenn man dabei ist, einen Plan, der bereits am Anfang zu scheitern drohte, doch noch zu realisieren.

Der Rückweg zieht sich. 4,5 Kilometer insgesamt, und der Schlussanstieg fordert, was die Waden hergeben. Erschwerend kommt ein mittleres, altersbedingte Herzrasen hinzu – nicht dramatisch, aber irritierend genug, um mich vor ein Dilemma zu stellen: innehalten und erholen oder kontrolliert weitermarschieren? Stillstand, so hatte ich irgendwo gelesen, bedeute das Ende. Also weiter – mit zusammengebissenen Zähnen und größtmöglicher Willenskraft.

Keuchend oben angekommen, fühle ich mich wie ein Held der Alltagsodyssee – nur ohne Applaus, dafür mit durchnässtem Rücken und der leisen Hoffnung, dass niemand diesen Aufstieg gefilmt hatte.

Zurück in Lieler – endlich – ich warte brav an der Bushaltestelle. Leider auf der falschen Straßenseite. Der Bus rauscht an mir vorbei, das zweite Mal an diesem Tag. Eine gewisse Komik ist nicht zu leugnen. Ich bin bereit, an diesem Nachmittag genau hier, an dieser Bushaltestelle, in Würde zu verwittern.

Doch dann: ein kleines Wunder. Der Fahrer eines Schülertransports hällt an, läßt mich einsteigen und fährt extra einen Umweg über Clerf, damit ich den eingeplanten Zug gen Süden noch erwische. Und wieder einmal schließt sich einer dieser wundersamen Lebenskreise, über die ich so gern sinniere – zuerst setzt er die Schüler ab, dann nimmt er, fast wie zum Ausgleich, einen alten Rentner als einzigen Fahrgast mit. Infantilität rückwärts gelesen – fast schon ein philosophisches Echo auf das große Spiel zwischen Anfang und Ende. Von der Schulbank zum Altersheim in einer Busfahrt.

Vielleicht ist es das, was wir meinen, wenn wir vom Sinn des Lebens sprechen: falsch beschriftete Busse, zähe Speisen, hilfsbereite Fahrer – und ein bisschen Steinzeit im Alltag. Denn manchmal gleicht das Leben einem Fluss wie der Our: Es schlängelt sich durch Täler, verschwindet im Dickicht, zieht Grenzen und verbindet doch – leise, beständig und ganz ohne Applaus.

Katarakte des Alltags

Nicht das Laute prägt den Tag, sondern das kurze Aufbäumen im Fluss der Gewohnheit. Ein Geräusch, ein Gedanke, ein Schatten im Licht – kleine Erschütterungen, die Tiefe schenken. Nicht das klar Ersichtliche zählt, sondern das, was spürbar bleibt.

Es gibt Tage, an denen ich fast sicher bin: Ich habe mein Leben auf vier Tätigkeiten reduziert – nicht aus Verarmung, sondern aus einer Art innerer Klärung. Ein stilles Destillat gelebter Jahre.

In Anlehnung an Otfried Höffes vier große L – Laufen, Lernen, Lieben, Lachen – klingt meine Philosophie des Alters schlicht, aber nicht minder tragfähig. Ich nenne sie ESWS:

Essen	ein Fest der Sinne
Schlafen	ein Geschenk an den Körper
Wandern	eine Umarmung der Welt
Schreiben	ein Gespräch mit der Seele

Im weiteren Sinne zählt auch meine Reiselust zum Wandern. Denn ich reise nicht, um Listen zu füllen oder Orte abzuhaken – ich reise, um Zwischenräume zu spüren. Ich plane mit Luft, nicht mit der Uhr. Kein Hetzen von Termin zu Termin. Im Gegenteil: Ich lasse Leerstellen zu, damit sich etwas setzen kann – so wie ich beim Wandern Pausen einlege, um Atem und Blick wieder weiten zu lassen.

Wie ein Teebeutel in der Tasse. Nicht das Umrühren bringt den Geschmack, sondern das stille Verweilen.

Das schlichte Dasein. Ohne Ziel, aber mit Sinn.

Das Sich-Entfalten im Eigenen. Doch immer wieder regt sich die Frage: Genügt das? Kann ein Leben, das sich dem Außen entzieht, dennoch Gegenwart schenken? Ist Rückzug eine Form von Klarheit – oder bereits ein leiser Abschied? Werde ich, indem ich mich aus dem Beziehungsgeflecht von Familie und Freunden mehr und mehr löse, zum Randbild in den Geschichten der anderen? Fehlt etwas, wenn ich mich nicht mehr einwebe, sondern lose Fäden halte – bereit, aber nicht mehr gespannt?

Ich glaube: Nein. Es ist eine andere Art von Dasein. Keine Abgrenzung, sondern ein anderer Rhythmus. Ich lebe nicht gegen die Welt. Ich lebe in meinem Takt mit ihr. Langsamer vielleicht. Leiser. Aber nicht weniger wach.

Meine vier Tätigkeiten sind keine Flucht, sondern Formen der Aufmerksamkeit. Eine stille Kommunikation mit dem Leben. Die ersten drei nähren den Körper. Sie halten mich im Fluss des Tages, geben dem Leib Struktur, Erdung. Die vierte – das Schreiben – ist Nahrung für den Geist. Sie schenkt Tiefe, Widerhall, inneren Raum.

Und so lebe ich – fast nebenbei – eine alte Weisheit neu: *mens sana in corpore sano*. Nicht als Maxime, nicht als Programm. Sondern als leises Wissen, das mit dem Alltag verwachsen ist. Kein Leitsatz auf dem Kühlschrank. Kein Tattoo auf dem Unterarm. Nur Tun.

Vielleicht ist es das: Ein Leben muss nicht laut sein, um klar zu sein.

Und ich merke: Auch im Schatten lässt sich leben. Vielleicht sogar klarer. Brecht hatte recht: *Denn die einen sind im Dunkeln / Und die anderen sind im Licht. / Und man siehet die im Lichte / Die im Dunkeln sieht man nicht.*

Ich bin keiner von beiden. Ich stehe irgendwo dazwischen. Im Halbschatten der Tage, dort, wo man noch sieht, und doch schon ahnt.

Und wer hinhört, der hört mich.

Wie Flüsse sprechen

Zieht die Our Grenzen, so zeigt die Alzette das Verbindende. In jüngster Zeit stand ich wieder einmal an ihrem Ufer – und sie erschien mir nicht wie ein Fluss, der trennt, sondern wie einer, der einlädt – wenn auch nur bedingt.

Als schmaler Bach kommt sie aus Frankreich und bittet im Süden des Großherzogtums beinahe zart um Einlass, versteckt sich noch am Anfang unter Tage und von dort aus durchzieht sie in nördlicher Richtung fast zwei Drittel des Landes – unaufdringlich, aber beständig.

Sie ist keine laute Erscheinung, eher eine stille Vertraute. Und doch trägt sie ihren festen Platz in der Seele des Landes – besungen in der Nationalhymne *Ons Heemecht*. Ein Fluss, der nicht markiert, sondern verbindet.

Der nicht fordert, sondern fließt.

Angelockt von einem ungewohnten Plätschern nähere ich mich – ziemlich schwerfällig und vollbepackt mit allen erdenklichen Utensilien die eine Fotoausrüstung hergibt – einer Stelle, die sich eher verborgen hält: umwuchert von Sträuchern, die jetzt im Frühling ihre ersten zarten, hellgrün leuchtenden Blätter zeigen.

Ein Plätschern – leise, aber bestimmend. Ein Geräusch, das dieser sonst so träge Bach nur selten von sich gibt. In seinem meist müden Lauf bietet er kaum Anlass für Aufregung. Und gerade deshalb zieht mich dieser Klang an – wie ein Versprechen auf etwas, das gleich geschehen könnte.

Ich richte mich heimlich am Ufer ein, fast wie ein Eindringling, der den Atem der Landschaft nicht stören will.

Das Wasser ist trüb und verströmt noch immer einen leicht strengen Geruch – ein olfaktorischer Gruß aus früheren Zeiten. Die Älteren unter meinen Landsleuten erinnern sich vielleicht an die volkstümlichere Version der Nationalhymne – eine Variante, die weit weniger poetisch mit der Alzette umging als Michel Lentz, Luxemburgs Nationaldichter und Verfasser des Originaltexts. Im Volksmund war sie kein sanftes Band, das sich durch blühende Wiesen schlängelt, sondern eher ein leicht müffelnder Bach mit zweifelhafter Anziehungskraft – geerdet, direkt, ungeschönt.

Das sonst eher unscheinbare, graue Ufer ist hier mit großen Steinen kunstvoll aufgeschichtet – ein menschlicher Eingriff, der fast so wirkt, als wolle man den trägen Bach an dieser Stelle zu etwas mehr Haltung zwingen. Ihm ein wenig Dramatik verleihen, wo sonst nur Gleichmut fließt. Das Wasser stürzt über Steine, wirbelt Gicht, holt tief Luft. Geographen bezeichnen eine solche Stelle als Katarakt.

Ich halte inne bei diesem Wort. Es bezeichnet hier das Aufwallen des Wassers. Und doch begleitete es mich einst auf andere Weise – als Diagnose. Katarakt. Der graue Star. Die Welt – nicht mehr klar, nicht mehr offen – nur noch in Nuancen. Gedämpft, gefiltert durch ein milchiges Glas. Sehen wurde zu einer trübseligen Angelegenheit.

Doch dank der modernen Ophthalmologie ist das inzwischen Vergangenheit. Die Linsen getauscht, der Blick geschärft – technisch gesehen. Und doch ist da etwas geblieben: eine neue Achtsamkeit gegenüber dem Sehen selbst. Was früher selbstverständlich war, ist jetzt ein Geschenk. Und manchmal – besonders an Orten wie diesem – ein kleines Wunder.

Dieses kurze, schlichte Aufbäumen der Alzette möchte ich festhalten. Nicht aus der Jagd nach einem – ohnehin eher bescheidenen – Spektakel heraus, sondern aus dem Wunsch, jenen einen Moment zwischen Bewegung und Gestalt zu bewahren.

Ich stelle mich der Herausforderung, das Flüchtige sichtbar zu machen – nicht als eingefrorenes Bild, sondern als leise Bewegung. Mit der Wahl von Verschlusszeit und Blende, mit dem Einsatz von Filtern, versuche ich, die Szene so einzufangen, dass

man das Wasser fast atmen hört. Ein Aufblitzen, ein Fließen –
gehalten in einem Bild, das sich der Klarheit entzieht, um Tiefe
zuzulassen.

Ich fotografiere nicht gegen das Verschwinden – sondern mit
ihm. Nicht das Scharfe zählt, sondern das Wesentliche.

Nicht das Festhalten, sondern das Mitgehen.

Und doch liegt in dieser Handlung ein stiller Widerspruch: Der
ophthalmologische Eingriff schenkte mir „objektive" Schärfe
zurück – und ich entscheide mich bewusst für Unschärfe. Für
Tiefe. Für das Spürbare.

Vielleicht liegt das wahre Sehen nicht im Scharfstellen, sondern
im Erkennen dessen, was bleibt, wenn die Konturen verschwim-
men. Und vielleicht liegt das Wesentliche einer Begegnung nicht
im Austausch von Worten, sondern in dem, was unausgesprochen zwischen zwei Menschen stehenbleibt – ein Blick, ein Lächeln, ein stilles Verstehen."

Tra Le Prove del Cammino

Zur Weihnachtszeit hatte ich, wie ein stiller Nomade auf Schienen, die Umrundung des Bottnischen Meerbusens geschafft – eine Reise durch das weiße Herz des Nordens.

Mit dem Erwachen des Frühlings aber, als die Tage länger und die Gedanken wieder nach Süden strebten, lockte eine Italienumrundung

Die Reise spannte sich von Mailand entlang der Adria bis hinunter nach Bari, schnitt quer durch das Land, streifte Neapel nur flüchtig und fand in Rom ein erstes großes Innehalten.

Schließlich führte sie mich am Tyrrhenischen Meer entlang nach Genua am Ligurischen Meer – wo das leise Echo vergangener Wege im Rauschen des Wassers verklang.

Diese Reise, die sich scheinbar so einfach auf der Landkarte nachzeichnen ließ, trug in ihrem Verlauf bereits ein anderes, leiseres Versprechen in sich. Vielleicht war es der beginnende Frühling, vielleicht die Ahnung einer unsichtbaren Ordnung – jedenfalls spürte ich, dass diese Route mehr war als eine Abfolge von Orten. Sie schien einem inneren Takt zu folgen, der mich, ohne es zu wissen, auf eine Reise zwischen Abschied und Neubeginn führte.

Neapel ließ ich bewusst, nicht nur geographisch, links liegen. „Vedi Napoli e poi muori" – sehen und sterben? Nein. Dieser Satz schien mir wie eine allzu endgültige Umarmung, zu schwer für eine Seele, die weiterziehen will. Stattdessen folgte ich einem anderen stillen Gelübde: Sehen, staunen – und weitergehen.

Denn das Leben, so glaube ich, ist kein einziger großer Moment, sondern ein endloses Weiterfließen – ein beständiges Werden, das selbst in der Rastlosigkeit eine Form von Geborgenheit birgt. Vielleicht war es kein Zufall, dass diese Reise in die Osterzeit fiel – jenes geheiligte Zwischenreich von Sterben und Auferstehen.

Unmerklich legte sich dieser Rhythmus über meinen Weg. Schon die Fahrt nach Mailand war voller Prüfungen, und je weiter ich nach Süden zog, desto mehr verdichteten sich die Herausforderungen – als würde der Weg selbst zu einer kleinen Via Dolorosa, die mich jedoch nicht ins Ende, sondern in ein neues Aufbrechen führte.

Nach Mailand stolpern

Wegen Neubauarbeiten an der Strecke wartet der Zug – ein TGV inoui – gegen 11:23 Uhr ausnahmsweise im heimischen Bahnhof auf mein Einsteigen: eine kleine Gunst des Tages, die mich besonders freut. Kein frühes Aufstehen, kein überstürzter Reisestress. Die Ankunft in Mailand ist für 19:50 Uhr vorgesehen – ein Nachmittag auf Schienen, der gemächlich beginnt.

Und er entwickelt sich ebenso gemächlich: Bis Straßburg läuft alles glatt, doch kaum hat der Zug den Bahnhof verlassen, da kommt er auch schon wieder zum Stehen – ein rotes Signal zwingt das sonst so schnelle Gefährt zur Pause.

Die Lautsprecherdurchsage kommt klar und deutlich: „Ein vorausfahrender Zug hat mitten auf der Strecke eine Panne. Wir müssen mit einer unbestimmten Verspätung rechnen." Zwanzig lange Minuten vergehen, bevor der Zug erneut Fahrt aufnimmt. Der Anschluss in Mulhouse nach Basel? Wohl verloren.

Ein kurzer Moment der Hoffnung blitzt auf: Auch dieser Zug meldet eine zwanzigminütige Verspätung – vielleicht doch noch rechtzeitig in Basel. Doch dort zeigt sich die Schweizer Präzision von ihrer unbarmherzigen Seite: Der direkte EC nach Mailand fährt mir vor der Nase davon. Hier zählt jede Minute.

Eine gute halbe Stunde später sitze ich im TGV Lyria nach Zürich. Überraschenderweise braucht man hier keine Reservierung, doch eine neue Fahrkarte muss ich trotzdem per App lösen. Im Zug bemerke ich eine spürbare Aufregung unter den Reisenden: Jeder scheint darauf bedacht, den seiner Auffassung nach letzten noch freien Platz für sich zu beanspruchen. Die Rückerstattung der ursprünglichen Fahrkarte werde ich am Ende der Reise beantragen.

In Zürich gelingt der Umstieg in den IC nach Lugano binnen fünf Minuten. Dort steige ich in einen Regionalzug nach Mailand um – und lande schließlich um 20:17 Uhr am Ziel.

Zum ersten Mal auf meinen Reisen fühle ich mich ziemlich mau; der Himmel hängt so tief, als streiften mir die Wolken tröstend über das Haar.

Doch statt über verpasste Anschlüsse zu hadern, schenkte mir dieser Tag ein Gefühl von Gelassenheit – und die leise Erkenntnis, dass sich vieles fügt, wenn man sich einfach tragen lässt.

Bis Bari mit letzter Kraft

Um es gleich vorwegzunehmen: Diese zweite Etappe glich einem Kalvarium – ein Weg voller Verzögerungen, Umwege und kleiner wie größerer Prüfungen, die Geduld und Gelassenheit gleichermaßen herausforderten.

In gewohnter Manier habe ich mich in Mailand in einer heimeligen Ecke einer stark frequentierten Bahnhofsbar versteckt und beobachte am frühen Morgen das hektische, für Italien so typische Treiben. Vor mir, an zwei chaotisch zusammengestellten runden Tischen, hat eine sechsköpfige italienische Familie mindestens ein Fünftel des Raumes für sich beansprucht. Die um die vierzig wirkenden Eltern haben alle Hände voll zu tun, ihre lebhafte Rasselbande im Zaum zu halten.

Drei Knaben wetteifern im Grimassenschneiden, um ihrem morgendlichen Unmut Luft zu machen. Die kleine Tochter hingegen hat ihren Spaß daran, den Fotoapparat des Vaters – kurzerhand stibitzt – zu benutzen, um ihre Brüder abzulichten, sehr zu deren Missfallen.

Als ein Glas klirrend zu Boden fällt und sich die Milch in weitem Bogen ergießt, erscheint der ohnehin nicht gerade saubere Boden wie in einen Nebel getaucht.

Dieser unbedeutende Zwischenfall wirkt fast wie ein schlechtes Omen für den weiteren Verlauf dieser Tagesreise. Das Wetter bleibt zunächst trüb; erst ab Ancona lichtet sich die Wolkendecke, doch gebärdet sich die Adria hier wild und aufgewühlt. Ähnlich bewegt empfinde ich auf dem Bahnsteig in Pescara die Begrüßung einer Mama, die ihrer längst erwachsenen Tochter entgegenstürmt. Mit weit ausgebreiteten Armen und strahlendem Lächeln schließt sie sie in die Arme, als wäre sie nach Jahren heimgekehrt. „Baci!" hallt es über den Bahnsteig – auf diese überschwängliche, unnachahmliche Art, wie sie nur die Bewohner der bella terra beherrschen.

Langsam macht sich angesichts der Apenninen auch in mir ein eher bescheidenes Hochgefühl breit. Ich erspähe den Corno Grande, Teil des Gran Sasso und bin erstaunt, dass dieser doch schon sehr südlich gelegene Gipfel um Ostern seine Schneekappe noch nicht abgelegt hat.

Abrupt werde ich gezwungen, diese so ruhig wirkende Naturkulisse zu verlassen. In der nun folgenden „Theateraufführung" nach bester italienischer Art wird unweigerlich das Bühnenbild gewechselt. Nach wiederholtem Anhalten des Zuges auf freier Strecke wird uns Reisenden über Bordlautsprecher mitgeteilt, dass es zwischen Foggia und Bari zu einem Unfall gekommen sei – ein Unfall, der das gesamte Streckennetz rund um Foggia beeinträchtige. Man müsse mit bis zu neunzig Minuten Verspätung rechnen.

Der italienischen Sprache nicht mächtig, warte ich geduldig auf die englische Übersetzung, um weitere Klarheit in das aufkommende Durcheinander zu bringen.

Doch nach jeder Durchsage in der Landessprache bricht unter den einheimischen Reisenden ein Tohuwabohu sondergleichen aus – so laut, dass jede englische Information darin untergeht und sich in mir ein Gefühl der Machtlosigkeit ausbreitet, nach dem Motto: Info nicht wichtig, folge der Herde.

Ja, genau das ist die Erklärung.

Ein liebenswerter junger Mann, der mir gegenübersitzt, übermittelt mir seinen Wissensstand in gebrochenem Englisch: „A train ahead of us ran over three ships along the way."

Wie bitte – Schiffe auf den Gleisen? Ich hake nach, und er wiederholt: „A train ahead of us ran over three chips along the way."

Chips? Die knabbert man doch während der Fahrt – und wie viele Tonnen davon sollten auf den Schienen gelegen haben?

Dann endlich die Auflösung: „A train ahead of us ran over three sheep along the way."

Drei Schafe also hatten die Herde verlassen, sind auf die Gleise geraten und dort bedauerlicherweise in den Tod gelaufen – und stellen nun die Zugleitstelle in Foggia vor nahezu unlösbare Probleme.

Immer wieder kommt der Zug zum Stehen, und jedes Mal, wenn er sich erneut in Bewegung setzt, löst sich meine Beklemmung – wohlwissend, dass der nächste ungeplante Halt jederzeit bevorstehen könnte.

Komisch, dass schon reine Bewegung, selbst ohne klares Ziel, beruhigend wirkt. Dieses rhythmische Stop and Go, das die Bahn „Regulation des Zugverkehrs" nennt, gleicht doch verdächtig dem menschlichen Dasein: kein echter Plan, viele Unterbrechungen – und dennoch die stille Hoffnung, dass Bewegung an sich schon Sinn genug sein könnte.

In San Severo schließlich kommt der Frecciarossa endgültig zum Stehen. Wie treffend: Hier wird es ernst – una punizione severa.

Die Stunden vergehen, doch Informationen bleiben aus.

Auf dem Bahnsteig finden sich die Reisenden in kleinen Grüppchen zusammen, während manche das ratlose Zugbegleitpersonal bedrängen.

Sie erinnern sich: Während in Schweden bei einem ähnlichen Zwischenfall die Reisenden gelassen ihre Hunde auf dem Bahnsteig Gassi führten, sind diesmal alle Reisenden am Handy.

Die Italiener sind eben ein kommunikatives Völkchen. Ehefrau, Freundin, Lover, Nonna – alle werden angerufen, mit dem Auftrag, es sofort weiterzuerzählen, damit ja auch die ganze Verwandtschaft informiert ist. Nur die eine, wirklich wesentliche Kommunikation über den weiteren Verlauf dieser Odyssee bleibt aus.

Plötzlich kommt Bewegung in die Menge: Alle steigen wieder in den Zug, kramen in den Gepäckablagen nach ihren Habseligkeiten und verlassen eilig die Abteile. Ich werde stutzig. Ein Mann raunt mir zu, unser Zug fahre nur bis Foggia; wer nach Bari oder Lecce wolle, müsse in den Frecciargento auf dem gegenüberliegenden Gleis umsteigen. Offiziell war dies beileibe nicht, doch ich folgte der Herde – manchmal bleibt einem nichts anderes übrig, als dem Strom zu vertrauen.

Nach diesem ungeplanten Zugwechsel erreiche ich schließlich am späten Abend gegen halb elf meine Unterkunft in Bari. Der Zugang zum Zimmer erweist sich leichter als befürchtet: Mit einem Code auf meinem Smartphone öffne ich Haupteingang und Zimmertür – wie durch Zauberhand. Das Zimmer bietet allen nötigen Komfort.

Ich lasse mich ins Bett fallen. Doch der Tag klebt noch an mir wie feuchter Sand, und trotz aller Müdigkeit finde ich lange nicht in den wohlverdienten Schlaf.

Ich zähle Schafe – doch es fehlen stets drei.

Am nächsten Morgen – es ist Karfreitag – streife ich schon sehr früh, plan- und ziellos, durch die historische Altstadt von Bari. Überall hängen Wäschestücke zum Trocknen: auf Balkonen der mittelalterlichen Häuser, auf improvisierten Leinen, die quer über die engen Gassen gespannt sind. Aus der Mischung bunter Kleidung und farbiger Fassaden entsteht ein berauschendes, lebendiges Bild – wie ein spontanes Gemälde, das die Stadt selbst, mit sicherer Hand und leichtem Herzen, zu malen scheint.

Und was eine Wonne für das Auge ist, soll nicht minder ein Fest für die Nase sein: Die Italiener verwenden vorwiegend Waschmittel einheimischer Marken, wie etwa *Spuma di Sciampagna*, berühmt für ihre hohe Reinigungsleistung und die betörenden Düfte.

Mir fällt auf, dass sich die Gerüche hier mit dem Tageslauf verändern: Sehr früh am Morgen mischen sich der strenge Atem der

Kanalisation und der abgestandene Uringeruch versteckter Ecken zu einer wenig einladenden Melange. Doch je mehr die Sonne steigt, desto mehr setzt sich der frische Duft der Wäsche durch, um gegen Mittag dem verlockenden Aroma aus den Küchen Platz zu machen, das in die Freiheit der Gassen strömt. Am Nachmittag schließlich dominieren die feinen Par-fums der eleganten Donne, zu denen sich gegen Abend ein dezenter Schleier von Joggerschweiß gesellt – bevor der Tag im schweren Schwappen der Alkoholfahnen der Gestrandeten ausklingt.

Doch Bari wäre nicht Bari, würde es nicht alle Sinne ansprechen. In den eng verschlungenen Gassen dringt immer wieder der Klang äusserst gediegener, feierlicher Musik an mein Ohr. Ich lasse mich treiben und von den himmlischen Klängen anlocken.

Die Entstehung der Religionen ist eng mit den jeweiligen Kulturen, historischen Entwicklungen und geographischen Gegebenheiten verwoben. Auffallend ist, dass die großen Weltreligionen im Nahen Osten entstanden sind – und dass ihre Traditionen bis heute besonders im Süden Europas lebendig geblieben sind.

Ich biege um eine Straßenecke und stehe plötzlich mitten in einer Prozession. Der Anblick verschlägt mir die Sprache. Vierzehn Stunden, so erfahre ich, dauert diese Karfreitagsprozession: Viele Statuen biblischer Figuren werden von kräftigen Männern auf ihren Schultern durch die engen Gassen und breiten Straßen Baris getragen. Begleitet wird der Zug von zahlreichen Musikgruppen, deren Klänge die Luft schwer und feierlich werden lassen. Immer wieder kommt die Prozession ins Stocken, und die Träger beginnen, im Takt der Musik auf der Stelle zu wippen – als würden sie den Kreuzweg Jesu selbst nachempfinden.

Genau genommen gibt es sogar zwei Karfreitagsprozessionen, die seit Jahrhunderten in freundschaftlicher Rivalität zueinander stehen. In geraden Jahren organisiert die *Pia Associazione dei Misteri Vallisa* die Prozession, in ungeraden Jahren die *Pia Associazione dei Misteri Gregorio*. Früher war die Konkurrenz schärfer: Nach dem gemeinsamen Gottesdienst in der Basilica di San Nicola trennten sich die Wege der Gläubigen oft in hitziger Stimmung – nicht selten begleitet von lautstarken Beschimpfungen. Heute verlaufen die Wege klarer: In ungeraden Jahren beginnt die Prozession an der Kirche San Gregorio, in geraden Jahren an der Kirche Vallisa.

Im Rückblick erscheint mir meine mühsame Anreise auch wie ein stilles Kalvarium – ein Weg voller Prüfungen, der jedoch nicht im Dunkel endete, sondern mich vorsichtig ins Licht führte.

Bari empfing mich spät am Abend: erschöpft, aber offen. Die engen Gassen, das flüchtige Spiel von Licht und Schatten, die feierlichen Klänge des Karfreitags – all das ließ mich spüren, dass jeder Umweg auch eine Verheißung in sich trägt. Und irgendwo, wohl auch durch die Episode mit den überfahrenen Schafen, tauchte in mir eine Erinnerung auf – ein leiser Ruf: „Hüte meine Schafe." Noch verstand ich ihn nicht ganz, doch er begleitete mich weiter, wie ein verborgenes Flüstern.

Alberobello und Matera.

Anderntags führte mich ein Bus ziemlich zügig und gar nicht vorsichtig ins Licht, vorbei an kreisrunden, exotisch anmutenden Behausungen mit spitzen, kegelförmigen Dächern, bis nach Alberobello – jenen Ort, an dem das Licht nicht nur wartet, sondern still zu leuchten beginnt.

Ich ertappe mich dabei, wie ich selbst in jene Mechanik gerate, die ich sonst immer wieder still belächle: das Verhalten der Touristen. Mit rund siebzig anderen werde ich aus dem Bus auf einen Parkplatz gespuckt, ein winziges Teilchen in einem Strom, der sich ziellos und zielstrebig zugleich ergießt. Kaum den Boden berührt, beginnt ein absurdes Rennen – ein Wettlauf gegen die Zeit, gegen mich selbst. In nur zwei Stunden soll ich entdecken, staunen, festhalten. Und doch liegt in diesem Versuch, möglichst viele makellose Fotos ohne andere Menschen im Bild zu schießen, bereits der leise Hohn auf das Ganze: ein Streben nach Unberührtheit inmitten einer rastlosen Herde, die sich selbst führt.

Alberobello – ein Name, der schon beim Aussprechen einen leisen Klang von Märchen in sich trägt. Berühmt ist der Ort für seine Trulli: kleine, weiß getünchte Rundhäuser mit ihren spitzen, steinernen Hüten, die dicht an dicht gedrängt wie eine Versammlung aus einer anderen Zeit wirken. Ursprünglich wurden sie in Trockenbauweise errichtet – eine listige Antwort auf die Steuerlast der damaligen Zeit, denn so konnten die Häuser bei Kontrollen schnell abgebaut werden. Heute bewahren die dicken Mauern still ihre Geheimnisse: kühl im flirrenden Sommer, wohlig warm in den langen Winternächten.

Es gelingt mir, der Herde zu entkommen. Ich lasse jenen Teil des Ortes hinter mir, der mit seinen zahllosen Souvenirgeschäften wirkt, als wäre er eigens für die Touristen konserviert worden, und steige hinauf zur Kirche Santa Lucia.

Von dort oben eröffnet sich ein weiter, offener Blick über das Meer aus Trullis, das sich wie ein steinernes Märchen über die Hügel legt. Auf dem gleichnamigen Belvedere begegne ich einem Straßenmusikanten, der einer elektrischen Harfe himmlische Melodien entlockt – so zart und durchscheinend, als würde die Luft selbst für einen Moment den Atem anhalten.

Hinter der Kirche, wo die Gassen schmaler werden und die Stimmen leiser, finde ich sie: die Trulli, diejenigen, die bis heute ausschließlich Wohnzwecken dienen – jenseits aller Schaufensterwelten. Hier, fernab der Touristenpfade, scheint der Ort seinen wahren Atem zu finden. Die Häuser kauern sich dicht aneinander, stolz und voller Leben. Und in diesem Moment, zwischen alten Mauern und verwitterten Türen, spüre ich ein stilles Glück aufleuchten – das Gefühl, für einen Herzschlag lang Teil von etwas Echtem zu sein.

Nach zwei weiteren Stunden Busfahrt läuft in Matera das gleiche Schauspiel ab. Doch ich bin klüger geworden: Diesmal folge ich der Herde nicht – ich habe bewusst auf die Buchung eines Leithammels (sprich: eines Fremdenführers) verzichtet. Mit einem Plan, der eher einer Ahnung gleicht, mit dem Mut zur Improvisation und mit allem, was mir zur Orientierung dient, erobere ich die *Sassi* – jene legendären Höhlensiedlungen, für die Matera berühmt ist – mutterseelenallein.

Warum mutterseelenallein? Nun, bei einem Namen wie Matera – man beachte den Namensstamm – scheint das ja fast schon Pflicht.

Rückblickend war das die beste Entscheidung. Zwar forderte mein improvisierter Weg durch dieses steinerne Monster mit seinen abertausend Treppenstufen einiges an Kondition – doch das machte die Erfahrung umso intensiver.

Nur eine Kleinigkeit hatte ich unterschätzt: Zu allem Überdruss lag meine Trinkflasche vergessen im Bus, während ich mich durch die Hitze und die steinernen Gassen kämpfte. Gegen Ende musste ich mir eingestehen: Ich war so schwach wie eine Flasche leer, um es mit den unvergesslichen Worten des italienischen Fußballtrainers Giovanni Trapattoni zu sagen. Immerhin wartete meine Flasche auf der Rückfahrt nach Bari treu auf meinem Sitz – wie ein kleiner Trost für die Strapazen.

Und da wurde mir klar: In der Herde wäre ich wohl nur ein verlorenes Schaf geworden.

Vedi Roma e Continua

Am frühen Morgen, kurz nach der Abfahrt in Bari, Richtung Rom, ertönt – so nehme ich es zumindest wahr – lautes Hundegebell aus dem Bordlautsprecher meines Waggons. Schon wieder eine dieser tierischen Überraschungen, denke ich und rechne innerlich mit dem nächsten Zwischenfall.

Doch dann stellt sich heraus: Die Laute gehören zu einer Durchsage, die die Fahrgäste auffordert, den Verlauf des Zuges auf der Internetseite www.trenitalia.com zu verfolgen.

Dass das www dabei wie ein fröhliches wuwuwu klang, war für mich zunächst ebenso rätselhaft wie erheiternd. Erst später erfuhr ich, dass das klassische italienische Alphabet weder J, K, W, X noch Y kennt – diese Buchstaben gelten als lettere straniere, also als fremde Gäste im Sprachsystem. Kein Wunder also, dass sich ihre Aussprache mitunter etwas eigensinnig gestaltet. Und plötzlich ergab das bellende Internet auch für mich Sinn.

Ein feiner Nebelschleier liegt über den sanft geschwungenen Hängen, die von den Gleisen scharf durchschnitten werden. In der Ferne ragen hunderte von Windrädern aus dem Dunst und zeichnen ihre schlanken Silhouetten gegen den klaren, kühlen Morgenhimmel. Wie einst schützende Mauerringe umschließen sie die verstreuten Ortschaften. Die Vielzahl beeindruckt mich, und meine Gedanken wandern: Wie sehr hat sich die Gestalt der Energiegewinnung verändert?

Noch vor geraumer Zeit entnahm man Öl und Kohle mühsam aus dem Schoß von Mutter Erde – ein zutiefst weibliches Bild von Fruchtbarkeit und Tiefe. Heute recken sich schlanke Säulen gen Himmel, streben hoch und stolz, als wollten sie den Himmel selbst berühren: stumme Phallen einer neuen Zeit.

Gerade hier, im Süden der Halbinsel, wo die Rollen von Matriarchat und Patriarchat seit jeher auf eigenwillige Weise miteinander verwoben sind, wird dieser Wandel fast greifbar.

Der Zug erreicht Benevento. Ich habe die weich modellierten Höhenzüge derart in mich aufgesogen, dass mich ein Gefühl von Trunkenheit befällt. Jetzt, im Frühling, erstrahlen die Schafsweiden in einem satten und zugleich zarten Grün, und ich mag mir diese hinreißende Landschaft im Sommer kaum vorstellen – ausgedorrt, trocken, dem Tod noch vor dem Eintritt des Herbstes geweiht.

Benevento bedeutet wörtlich „gutes Ereignis" oder „gutes Kommen/Ankommen". Der Name stammt vom lateinischen Beneventum ab, zusammengesetzt aus bene (gut) und ventum (Ereignis, Kommen). Ursprünglich trug die Stadt den Namen Maleventum („schlechtes Ereignis"), wurde aber nach einem römischen Sieg umbenannt, um eine positive Bedeutung zu vermitteln.

Dies weckt in mir die stille Hoffnung, dass ich mein Ziel, Rom, wohlbehalten erreichen werde.

Pünktlich fährt der Frecciaargento in Roma Termini ein. Doch hier ist beileibe nicht Schluss, wie der Name vermuten ließe. Nein – wie sich bald zeigen wird, sollten mich Ereignisse einholen, die von geschichtlicher Dimension sind.

Lieber Leser, es mag dir aufgefallen sein, dass an vielen Stellen dieses Buches immer wieder ein bestimmter Name auftaucht – mal als François, mal als Franz, mal als Franziskus. Ich habe längst aufgehört, darin bloßen Zufall zu sehen.

Es ist, als zöge ein unsichtbarer Faden diese Namen durch meine Wege. Nahe am Bahnhof habe ich ein bescheidenes Zimmer mit Frühstück gebucht. Und wer wartet dort auf mich?

Wenig überraschend: Francesco.

Als Vermieter erklärt er mir zunächst die allgemeinen Regeln, die während meines Aufenthalts zu beachten sind, und gibt mir zum Abschied einen praktischen Rat:

„Verzichten Sie auf die teuren Hop-on-Hop-off-Busse, nutzen Sie die öffentlichen Verkehrsmittel." Auf die Art gewinnt man meine Sympathie.

Dann folgt fast schon ein philosophischer Hinweis: „Erkunde Rom zu Fuß, trage immer Wasser bei dir und ruhe dich in einer der vielen kühlen Kirchen aus. Dort hast du Gelegenheit zur Kontemplation – in den überfüllten Restaurants wirst du sie nicht finden."

Und es begab sich, dass unter den zahllosen Wanderern in Rom nur wenige waren, die den Morgen wie einen Schatz hüteten. Also stand ich, einer der Erwählten, im frühen Licht vor den Toren einer Basilika, die nahe meiner Herberge thronte, und harrte mit den ersten, um Einlass zu erlangen in das heilige Gemäuer.

Und siehe, die Warteschlange vor der polizeilichen Wacht war überschaubar, und die eisernen Geräte der Prüfung beäugten die Willigen ohne Murren.

So geschah es, dass auch ich, nachdem ich bei der Durchleuchtung mein kleines Schweizermesser – gleichsam im törichten Glauben, mich damit als würdiges Mitglied der päpstlichen Schweizergarde auszuweisen – offenbart hatte, unverzagt ins Kirchenschiff der heiligen Basilika Santa Maria Maggiore einzog. Und so stehe ich nun, mitten im weiten Raum, erstarrt unter dem Anblick der majestätischen Gewölbe – wie eine Statue, die nicht in diese Zeit gehört.

Meine schlichte Kleidung verrät mich als Fremdling unter all den anderen steinernen Gestalten, und nicht zuletzt tut es der unübersehbare Fotoapparat, der wie ein Medaillon der Touristenwürde vor meiner Brust baumelt.

Ich bin als Kind katholisch aufgewachsen, tief eingetaucht in Rituale und Regeln, die die Welt in Sünde und Erlösung aufteilten. Kein Wunder also, dass ich mich in meiner heutigen Rolle als bloßer Besucher etwas fremd fühle. Damals wäre mein Verhalten – und das der meisten Kirchentouristen: ein flüchtiger Blick hinein, ein leises Murmeln, das Klicken der Kameras – als Todsünde gewertet worden. Und selbstverständlich wäre man aufgefordert gewesen, schleunigst zur Beichte zu gehen.

In Santa Maria Maggiore stehen sie noch, die alten Beichtstühle, wie hölzerne Relikte vergangener Ernsthaftigkeit. Auf kleinen Schildern prangen die Sprachen, in denen man seine Verfehlungen eingestehen kann – Babylon im Schatten der Ewigkeit.

Heute jedoch bin ich sicher: Ich habe nicht gesündigt. Und so verlasse ich die Kirche, ohne eine Münze in den hölzernen Opferkasten zu werfen, auf dem ein Schild dezent um einen Obulus bat – nicht aus Geiz, sondern schlicht aus Gewohnheit. Kleingeld begleitet mich kaum noch; meine Taschen gehören längst der bargeldlosen Welt.

Diese kleine Nachlässigkeit sollte sich wenig später rächen: An der Fontana di Trevi, wo eine einzige Münze ins Wasser die

Hoffnung auf eine Rückkehr nach Rom trägt, stehe ich erneut mit leeren Händen da. Zwei Münzen versprechen eine neue Liebe, drei gar eine Hochzeit – ein wunderschönes Ritual, das Wünsche, Sehnsucht und die stille Zwiesprache mit der Stadt in einem einzigen Wurf bündelt.

Und nun, frage ich mich, warum noch niemand auf die Idee gekommen ist, am Rand des Beckens ein Kartenzahlungsgerät aufzustellen – als zeitgemäßes Symbol dafür, dass sich Hoffnungen längst nicht mehr auf klirrende Münzen, sondern auf Plastikkarten und rasanten Datentransfer stützen. Vielleicht würde sich so der Weg zu einem Beziehungsneubeginn für anspruchsvolle Witwen und Witwer, die weder an Liebe noch an Zahlungsbereitschaft sparen, jedoch äußerst wählerisch sein können, wenigstens ein kleines Stück weit ebnen.

Ganz in Gedanken über längst vergangene Beziehungen trampele ich unter dem mittlerweile höher stehenden Fixstern durch die kopfsteingepflasterten Straßen der ewigen Stadt.

Die Sonne hat Rom in ein gleißendes Weiß getaucht. Das monumentale Vittoriano – auch bekannt als Altare della Patria (Altar des Vaterlandes) – thront vor mir über dem Platz, wie ein gestrandetes Schiff aus Licht. Errichtet zu Ehren von Viktor Emanuel II., dem ersten König des vereinten Italiens, türmt sich Geschichte in Marmor und Bronze zu einer Kulisse, die den Atem stocken lässt.

Menschen bewegen sich träge über die Stufen, als müssten sie sich erst an das Übermaß gewöhnen, das sich ihnen hier entgegenwölbt.

Ich bleibe stehen, lasse den Blick schweifen und spüre ein leises Unbehagen, das sich nicht fassen lässt. Etwas hat sich plötzlich verändert, doch ich kann es nicht einordnen. Vielleicht ist es die Art, wie die Stimmen auf dem Platz klingen – gedämpfter, verhaltener –, oder die Art, wie einige Menschen innehaltend stehen bleiben, ohne zu wissen, wohin.

Irgendwo, aus einer Kirche, schwingt ein Glockenton herüber, so fein, dass er kaum die Luft zu berühren scheint. Ein älterer Herr zieht den Hut, ohne dass ein sichtbarer Anlass erkennbar wäre.

Mein Telefon vibriert in der Tasche – ein kleiner, fast schüchterner Impuls in einer plötzlich schweigenden Welt. Eine Nachricht von meinem Sohn: „Papst Franziskus ist gestorben."

Und plötzlich ergibt alles einen Sinn – auf stille, ernüchternde Weise. An diesem Vormittag hält das Leben für einen Atemzug inne. Nur für einen Atemzug.

Behutsam lenkt ein Vigile der Polizia Locale di Roma Capitale die Menge in die Via dei Fori Imperiali. Ich lasse mich treiben – ein Körper unter vielen, eingehüllt in Stimmen, Sprachen, Lachen, die wie lose Fäden durch die laue Luft tanzen.

Auf dieser Via hat man dem Lärm die Krone genommen und den Touristen eine Fußgängerzone geschenkt. Der motorisierte Verkehr, der einst wie ein aufgebrachter Strom durch die Straße jagte, ist verstummt – und Rom, diese alte Königin, sitzt wieder aufrecht auf ihrem steinernen Thron.

Die Pflastersteine unter meinen Füßen scheinen die Wärme unzähliger Sommer bewahrt zu haben, und jeder Schritt fühlt sich an wie ein leiser Gruß an die Ewigkeit. Die Via dei Fori Imperiali ist keine Straße mehr, sondern eine Zeitachse unter freiem Himmel. Links und rechts ragen die stummen Skelette vergangener Herrlichkeit auf: zerbrochene Triumphbögen, zerbröckelnde Mauern – und doch wirken sie unerschütterlich, als könnten sie selbst das Vergessen überdauern.

Ich schlendere dahin, lasse meinen Blick schweifen, spüre die leichte Trägheit, die Rom seinen Besuchern auferlegt wie einen unsichtbaren Mantel. Vor mir bewegt sich eine lethargisch dahinschwappende Menschenmenge, als hätte die Zeit hier beschlossen, sich selbst zu vergessen.

Da – ein Aufheulen: scharf, durchdringend, unüberhörbar.

Motorräder, Sirenen, schwarze Limousinen mit getönten Scheiben, hinter denen sich höchstens der Umriss von Bedeutung erahnen lässt. Wer dort drinnen sitzt? Vielleicht ein geistlicher Würdenträger, vielleicht jemand, der wichtig ist. Vielleicht jemand, der nur so erscheinen will. Die Ruhe zerreißt in dünnen Fäden. Köpfe drehen sich, Kameras klicken, Kinder suchen schutzsuchend die Hände ihrer Eltern.

Dann ebbt alles wieder ab. Der Konvoi gleitet davon, verschwindet in Richtung Kolosseum. Ich folge – mit demselben Ziel, doch ohne Eile. Mein Blick schweift, und ich spüre erneut diese milde Trägheit, die Rom seinen Besuchern auferlegt wie einen unsichtbaren Mantel. Es ist jene besondere Form von Zeitlosigkeit, die nicht in Minuten misst – sondern in Atemzügen.

Hier, am Kolosseum, teilt sich der Strom der Touristen wie ein Fluss, der in ein Delta mündet: Die einen zieht es zum Forum Romanum, wo sie zwischen Marmor und Trümmern vergangene Herrlichkeit erwandern wollen – Geschichte nicht nur sehen, sondern spüren. Andere wiederum, bereits im Besitz einer Eintrittskarte, stehen wartend vor den steinernen Bögen des Kolosseums, fasziniert von der römischen Baukunst, die noch immer von Macht und Maß erzählt.

Ich aber, einer der Rastlosen, ziehe weiter – unter dem Arco di Costantino hindurch, mein Blick nach innen gerichtet und zugleich offen für das Außen. Mein Weg führt mich zum Circo Massimo, jenem riesigen antiken Stadion, das einst die Menge zum Toben brachte, wenn die Wagenlenker um Ruhm und Ehre kämpften.

Ich bin zu spät. Am Morgen fand hier eine Feier zum „Natale di Roma" statt – dem Gründungstag der Ewigen Stadt. In meinem Kopf erstehen die Szenen wie aus einer Vision: eine Parade in historischen Gewändern, glänzende Rüstungen, prächtige Streitwagen, Szenen aus der römischen Geschichte – inszeniert mit Pathos und Stolz.

Ich erfahre, dass sich die Feier vom Circo Massimo bis zur Piazza Venezia und wieder zurückzieht – begleitet von Gladiatorenkämpfen, antiken Tänzen, Theaterstücken und all jenen Darbietungen, mit denen Rom sich selbst erzählt.

Und doch bekomme ich einen kleinen Eindruck davon: Einige
der Darsteller sind noch mit dem Abbau beschäftigt, viele tragen
noch ihre Kostüme – Legionäre mit verschränkten Armen, Pries-
terinnen mit Goldbändern im Haar, ein Senator mit würdevoll
geraffter Toga. Sie lachen, plaudern, posieren. Und so stehe ich
plötzlich mittendrin – und lasse mich, ganz Tourist, mit zwei Legionären fotografieren. Ein Moment zwischen Zeiten, festgehalten in einem Bild, das mehr sagt als viele Worte.

Dann ziehe ich weiter, ohne die beiden, über kleine Umwege –
der Giardino Piero Piccioni, ein stilles grünes Refugium auf dem
Aventin, war zeitweise gesperrt. Mein Weg führt mich zur Santa
Sabina all'Aventino – einer jener Orte, an denen die Zeit nicht
vergeht, sondern sich sammelt. Eine der ältesten, stillsten und am
besten bewahrten frühchristlichen Basiliken Roms, in deren
Schatten Geschichte nicht laut wird, sondern leise nachhallt.

Die Kirche, schlicht und lichtdurchflutet, wurde als dreischiffige
Basilika ohne Querhaus errichtet – mit einer halbrunden Apsis
und großen Rundbogenfenstern, die der frühchristlichen Architektur später als Vorbild dienen sollten.

Und hier – zwischen Säulen und Stille – erreicht mich eine ei-
gentümliche Botschaft: Ich solle, gemeinsam mit den beiden römischen Legionären vom Erinnerungsfoto, den Vatikan stürmen
und besetzen. Es gelte zu verhindern, dass ein übermütiges, nar-
zisstisch veranlagtes Staatsoberhaupt nach dem Tod von Papst
Franziskus auch noch Anspruch auf das päpstliche Amt erhebt.

Ein Engel – augenzwinkernd oder todernst, das bleibt offen – verspricht mir sogar die Errichtung eines Triumphbogens.

Ein kurzer Realitätsabgleich:

Kaum beginne ich, diese Zeilen zu tippen, flackert mir eine Schlagzeile der Frankfurter Rundschau vom 30. April 2025 über den Bildschirm:

„US-Senator appelliert an Konklave, Trump zum Papst zu wählen."

Natürlich. Was sonst?

Und während ich noch versuche, zwischen orchestrierter Satire und ernst gemeinter Schlagzeile zu unterscheiden, beschleicht mich ein Verdacht: Die Groteske ist längst nicht mehr Ausnahme, sie ist System. Die Weltbühne ein Tollhaus, das Konklave ein Casting, und wir – das Publikum – stolpern durch eine Inszenierung, deren Dramaturgie niemand mehr durchblickt.

Wenn selbst die Nachrichten klingen wie ein Sketch aus einer vergessenen Monty Python-Folge, was bleibt mir dann noch – als reisender Amateur mit Hang zur Sprachspielerei – außer einem müden Schulterzucken?

Die Pointe hat sich verabschiedet. Ich bin enttäuscht.

Pointe. Eine kleine Anekdote am Rande, die exemplarisch zeigt, wie heute Meldungen entstehen, wenn man aus halben Wortfetzen ganze Schlagzeilen strickt –Titel:

„Papst eingeäschert – Asche in Tessinersee verstreut!"

Die Autorin – mittleren Alters, mit Spürsinn für Dramatisches – hatte offenbar irgendetwas von „Maggiore" aufgeschnappt. Gedankensprung: Lago Maggiore – das muss in der Schweiz sein – und zack, war die Nachricht geboren. Recherche? Nebensache. Hauptsache, es klingt irgendwie wichtig.

Übers Kulinarische zum Sakralen

Wenig später stehe ich, nur ein paar Schritte weiter, im Giardino degli Aranci – dem Orangengarten – und ergötze mich an einem der schönsten Panoramablicke über Rom: Petersdom, Tiber, das geschäftige Zentrum – alles liegt wie auf einem silbernen Tablett vor mir. Der Garten, berühmt für seine friedvolle Atmosphäre, die symmetrisch gepflanzten Orangenbäume und das kleine Belvedere mit Aussichtsplattform, wirkt wie ein leiser Gegenentwurf zur eben verkündeten Hybris – ein stilles Ja zur Schönheit der Welt.

Hatte der südliche Charme von Bari streng genommen nur vier meiner fünf Sinne verführt, so bleibt mir in Rom nichts als die Kapitulation vor dem Geschmack – denn wie könnte man dem typischen Duft von Salbei auf einer frisch zubereiteten Saltimbocca alla Romana widerstehen, dem samtigen Bitter des Espressos oder der herben Süße eines echten Gelato, wenn sich die Stadt selbst wie ein gedeckter Tisch darbietet, an dem Vergangenheit und Gegenwart ein üppiges Festmahl veranstalten?

Von der Schönheit der Welt – oder besser: der Stadt – angelockt, steige ich zum Tiber hinab und eile, vom Hunger getrieben, in Richtung Sant'Angelo.

Im jüdischen Viertel jedoch gerate ich ins Stocken: Zu viele Gerüche, zu viele Stimmen, zu viele Speisekarten.

Die Meile der Versuchungen überfordert mich zunächst. Fünfmal schreite ich sie auf und ab, ehe ich mich endlich entscheide
– und genau dort Platz nehme, wo mein Blick zuerst hängen geblieben war.

Ironie des Schicksals: Ich hätte es wissen müssen. Überfordert
von den kulinarischen Lockrufen und geblendet von einem Anflug falschverstandener weltmännischer Souveränität bestelle ich
– in Rom, in einem jüdischen Lokal, umgeben von Pasta, Arti-
schocken und römischer Tradition – ein Couscous.

Ausgerechnet ein Gericht, das einst in einem muslimischen
Kochbuch des 13. Jahrhunderts erstmals auftauchte und sich
seither – von Marrakesch bis Tunis – als körniger Botschafter
zwischen den Welten bewährt hat. In Marokko gilt es sogar als
Nationalgericht, was mir in diesem Moment allerdings genauso
wenig hilft wie meine Ahnungslosigkeit über die Tiefenstruktur
der Speisekarte.

Die koschere Variante nach jüdischer Art, die mir aufgetragen
wird, bringt meine Geschmacksnerven derart ins Taumeln, dass
ich noch Stunden später den Unterschied zwischen einem Gelati
und einer Mettwurst nicht mehr erschmecken kann.

Ich halte mich eigentlich nicht für anfällig gegenüber Vorurteilen
– aber die Rechnung erinnerte mich auf ihre ganz eigene Weise
daran, dass in Rom manche Viertel nicht nur Orte der Genüsse,
sondern auch der gesalzenen Preise sind.

Und so wurde dieses kleine Mahl – im Geist des Ortes – zu meinem ganz persönlichen synodalen Weg: ein kulinarischer, interreligiöser Dialog, reich an Missverständnissen, überraschenden Offenbarungen – und am Ende doch irgendwie heilsam.

Frisch bekehrt, zumindest in kulinarischer Hinsicht wähne ich mich gewappnet für weitere kulturreligiöse Entdeckungen.

Leichtfüßig – was angesichts meines Alters eindeutig gegen die Regeln der physikalischen Ehrlichkeit verstößt – hoppele ich die Spanische Treppe hinunter, in Richtung Vatikan: diesem Staat im Staat, der sich so gerne als ewiger Hüter präsentiert, dabei aber nicht selten wirkt wie eine steinerne Bühne für sehr irdische Dramen.

Am Fuße der Treppe empfängt mich eine Mischung aus Selfiesticks, Sonnenhüten und jener unbeirrbaren Kunst der amateurhaften Selbstinszenierung, wie sie nur beim Posieren vor Denkmälern zur vollen Blüte gelangt.

Zwischen all dem Streben nach Bildwürdigkeit und digitalem Andenken fällt mir ein älterer Herr auf, der unbeirrt mit Skizzenblock und Bleistift auf einem Mäuerchen sitzt. Kein Smartphone, kein Filter – nur Linien, Licht und Geduld. Für einen Moment beneide ich ihn um diese stille Art der Aneignung. Dann allerdings ertönt hinter mir das Klicken eines Verschlusses, und ich sehe mich selbst auf dem Display eines wildfremden Paares wieder – offenbar als folkloristische Randerscheinung im Hintergrund ihres perfekten Rom-Motivs.

Ich winke höflich – schließlich will man ja als Statist gut aussehen.

Ich will alldem entkommen und flüchte am Mausoleo di Augusto
vorbei, das mir – trotz seiner einst monumentalen Größe – kaum
ins Auge fällt. Zu traurig wirken die verwitterten, zylindrischen
Mauerreste, zu beiläufig steht es da, als hätte selbst die Geschichte vergessen, wem sie hier ein Denkmal setzen wollte.

Ich hetze weiter, über die Ponte Cavour, auf die andere Seite des
Tibers. Die Brücke verbindet das historische Zentrum mit dem
Stadtteil Prati – und ist bekannt für eine etwas skurrile römische
Tradition: Am Neujahrsmorgen stürzen sich hier Wagemutige in
die kalten Fluten, als wollten sie sich von allem Vergangenen los-
schwimmen.

Die Piazza Cavour, ein großzügiger Platz im Stadtteil Prati, zugleich Verkehrsknotenpunkt und Flanierfläche, ist von viel Grün,
Geschäften und Cafés gesäumt. Seine elegante, symmetrische
Gestaltung kommt mir sehr entgegen – vielleicht weil ich mich
im rechten Winkel mit all den Richtungsänderungen schlecht zu-
rechtfinde.

Ich überquere ihn schräg, also in der Diagonale, gewinne dabei
ein paar Sekunden Zeit und spare ein gutes Stück Weg. Alles in
allem: ein taktisch kluger Schachzug.

Im Eiltempo geht es die Via Crescenzio entlang, Richtung Via
Porta Angelica. Ich lasse mich treiben, vorbei an Priestersemina-
risten mit Aktentaschen, Mönchen mit Einkaufstüten, deren
braune Kutten im Wind flattern, und Ordensschwestern, die
offenbar mehr über Mobilfunkverträge wissen als ich – wohl
weil sie seit Jahren den besten Anbieter für Himmelsflatrates
kennen und ich immer noch im Funkloch des Zweifelns hänge.

Wie in einem finalen Crescendo mit abruptem Schluss stoße ich
schließlich auf eine lange Schlange, die geduldig auf den Eintritt
in die Vatikanstadt wartet.

Alle wollen durch die Porta Angelica – ein Tor, das längst seinen
militärischen Zweck verloren hat und heute vor allem als Durch-
gang für Touristen dient, die auf schnellstem Weg zum Petersdom strömen.

Auf dem Petersplatz ist die Stimmung vielfältig – und kaum ein-
zuordnen. Immer wieder stoße ich auf Gruppen Jugendlicher aus
aller Welt, die der verstorbene Papst Franziskus im Rahmen des
Heiligen Jahres 2025 – dem sogenannten Jubeljahr – zur Feier
des Jugendjubiläums eingeladen hatte.

Hinter großen, tragbaren Holzkreuzen pilgern sie in prozessions-
artiger Formation, stiller als erwartet, als ob der Verlust ihres
Oberhirten schwerer wiegt als jedes Festprogramm. Keine aus-
gelassene Freude – eher eine ehrfürchtige Suche nach Haltung
im Augenblick der Lücke.

Links neben mir beginnt sich eine andere Art Prozession zu for-
mieren: Internationale Presseleute bauen Scheinwerfer auf, Kameras, improvisierte Schminkplätze – all das, was zu einer pro-

fessionellen Fernsehberichterstattung gehört. Im Moment der Mikrofonübernahme kippt die nervös flirrende Betriebsamkeit plötzlich um – in eine gespielte Ernsthaftigkeit, in betroffene Mienen, die eher zur Dramaturgie des Moments passen als zur Authentizität des Augenblicks.

Zwischen all den Mauern, Kuppeln und Uniformen überkommt mich ein flüchtiger Gedanke: Vielleicht ist Rom nicht die Stadt der Ewigkeit – sondern der gelungenen Übergänge. Zwischen Religion und Geschäft, Andacht und Abwasch, Pilgerweg und Parkverbot.

Ich lasse den Petersplatz hinter mir. Die Kuppel liegt nun in meinem Rücken – majestätisch und unbeirrbar wie ein Argument Gottes.

Vor mir spannt sich die Via della Conciliazione durch das römische Durcheinander, so schnurgerade, als hätte ihr Erbauer mit Lineal und Selbstgewissheit Gott die Stadt erklärt.

Diese Achse, die Mussolini in den 1930er-Jahren anlegen ließ, sollte nicht nur ein städtebauliches Problem lösen, sondern auch ein politisches Zeichen setzen: das Ende des jahrzehntelangen Streits zwischen dem Vatikan und dem italienischen Staat – besiegelt in den Lateranverträgen. Eine Geste der Conciliazione – der Versöhnung.

In mir regt sich ein Gefühl, als träte ich aus einem sakralen Raum zurück in die profane Welt. Die Engelsburg am Ende des Weges steht da wie ein Wächter. In ihrer Geschichte schwingen Flucht, Zuflucht und Macht mit – ein Bollwerk zwischen Himmel und Erde. Der Blick zurück zur Peterskirche ist frei und ungehindert – doch es ist nicht mehr der Blick des Ankommenden, sondern der des Gehenden, vielleicht schon des Abschiednehmenden.

Kurz vor der Brücke Ponte Sant'Angelo treffe ich auf einen Straßengeiger. Ich bleibe stehen, höre ihm interessiert zu. Er sieht mich an, nickt kaum merklich – nicht als Einladung, eher wie jemand, der weiß, dass er nichts erklären muss.

„You play beautifully," sage ich leise.

Er zuckt die Schultern. „Si suona diversamente, quando non si ha più bisogno di un palcoscenico."

Seine Stimme klingt wie Musik – leise, aber bestimmt. Seine Worte verlieren sich nicht, sie bleiben – hängen fest in den Windungen meines Gedächtnisses.

<u>Man spielt anders, wenn man keine Bühne mehr braucht.</u>

Leicht melancholisch schlendere ich am Tiber entlang – bemüht, meinen bevorstehenden Abschied aus Rom mit Respekt und Würde zu gestalten.

Im pittoresken Stadtteil Trastevere lasse ich bei einer Saltimbocca noch einmal die Seele baumeln, obwohl die deutsche Autorin Elke Heidenreich eindringlich mahnt: „Lassen Sie bitte nie, niemals, unter keinen Umständen Ihre Seele baumeln. Die Seele hat man fest im Griff, sie ist unser Kostbarstes – da baumelt bitte nichts sinnlos herum."

„Verzeihung, Elke – was da baumelte, war nicht, wie ich glaubte, meine Seele, sondern ein Rest Parmaschinken in Salbeibutter auf meinem Hemd."

Ein vorläufig letztes Gelato genieße ich in der „guten Stube Roms" – der Piazza Navona, einem der prächtigsten und charakteristischsten Plätze des barocken Roms.

Und auch diesmal gelingt es mir nicht, mein Hemd vor Flecken zu bewahren. Ich beschließe, es nie mehr zu waschen. Schließlich wird es das authentischste Andenken an Rom bleiben.

Arrivederci Roma…good bye… au revoir…

Kurz vor der Abfahrt in Rom, Richtung Genua, bestelle ich mir einen letzten Americano an der Bar im Bahnhof.

Ein Americano – im Grunde ein Espresso mit heißem Wasser gestreckt. Eine Konzession an all jene, denen der italienische Kaffee zu kompromisslos ist. Ich bestelle ihn oft auf Reisen. Vielleicht, weil ich mich damit weniger als Tourist und doch nicht ganz als Einheimischer fühle.

Der Barmann, der sonst fast ausschließlich Espressi serviert, muss meine genuschelte Bestellung missverstanden haben – er stellt mir ein Glas brühend heißer Milch auf den Tresen. Ohne ein Wort.

Ich starre auf das Glas.

Wem, um Himmels willen, bietet man brühend heiße Milch an?

Kindern vor dem Schlafengehen vielleicht. Alten Männern mit schwachem Magen. Oder verlorenen Seelen zwischen zwei Zügen. Eine Option schließe ich sofort aus, und zwischen den beiden verbleibenden kann ich mich nicht entscheiden.

Nachdem das Missverständnis aufgeklärt ist, wird die Milch – noch immer dampfend – in den Abguss geschüttet und ich bekomme meinen Americano. Ohne Zuzahlung.

Die Zugfahrt verläuft ohne Probleme.

Die Vermieterin meines Zimmers in Genua hat mir vorab ein YouTube-Video geschickt – ein stiller Spaziergang vom Bahnhof bis zur Haustür, gefilmt mit zittriger Smartphone-Kamera und gelegentlichen Blicken auf den Bordstein. Kein Kommentar, keine Musik. Nur Schritte, Ampeln, Passanten, Motorroller. Ich sehe es mir zweimal an, einmal im Zug und einmal noch kurz vor der Ankunft.

Als ich schließlich den Bahnhof verlasse, erkenne ich die Kreuzung vom Bildschirm wieder. Für einen Moment laufe ich nicht durch eine fremde Stadt, sondern durch eine bereits abgespeicherte Erinnerung. Nur, dass ich diesmal selbst darin vorkomme.

Mich, einen Reisenden alter Schule, begeistert, mit welcher Selbstverständlichkeit die nachfolgende Generation aus den technischen Möglichkeiten schöpft. Ein kurzer Link, ein Video – und schon wird aus einem unbekannten Weg ein vertrauter Pfad.

Früher hätte man eine Skizze auf einen Zettel gekritzelt – und dann nicht gewusst, wie herum man den Plan eigentlich halten sollte. Oder man bekam eine zu optimistische Wegbeschreibung am Telefon: *„Ist ganz einfach, du siehst dann eh das Schild.“*

Anderntags Weiterreise nach Hause, mit Zwischenstopps in Basel und Mulhouse.

Ohne die Schönheit der Schweizer Berge wäre es eine klinisch saubere Reise, wie aus einem Handbuch für effizientes Vorankommen – und doch so langweilig wie eine Diashow von Tapetenmustern. Alles funktioniert. Alles gleitet. Kein Ruckeln, kein Zögern, kein Geräusch außerhalb des Sollbereichs.

Die Schweizer Bahn ist nicht einfach ein Transportmittel – sie ist ein funktionierender Uhrmechanismus auf Gleisen. Man fühlt sich gut versorgt, man bewundert es, ja. Aber es rührt einen nicht.

Nicht wie ein unerwarteter Regenschauer in Ligurien. Oder ein falsch servierter Kaffee in Rom. Oder sogar die zufällige Vergabe der Wagennummer 8 in Genua, wo ich – mangels Information – zur Ortung des Waggons den Bahnsteig auf und ab rannte, den Wagen dann genau in der Mitte des Zuges fand, nur um lakonisch festzustellen:

Man kann die 8 drehen, wie man will – es bleibt immer die 8.

Später dachte ich an dieses Spiel mit der Acht. An ihre andere Gestalt, wenn man sie legt – das Zeichen für Unendlichkeit. Eine Schleife, die sich nicht lösen lässt. So wie Rom, die ewige Stadt, in der alles vergeht, nur um gleich wieder aufzutauchen.

Nach dieser anstrengenden, aber wunderbaren Reise durch das Land der gestikulierenden Hände – in dem „Organisation“ oft eher als kreativer Vorschlag denn als fester Plan verstanden wird – steige ich in meinem Heimatbahnhof aus.

Die Türen öffnen sich pünktlich (na ja – ab wann gilt eigentlich Verspätung?), der Bahnsteig ist leer, der Himmel grau.

Keine Musik, kein Irrtum, kein Video zur Orientierung.

Nur meine Füße auf vertrautem Boden – und ein Hauch von Milch in der Erinnerung.

Escapade de la Paix

Welche Einstellung ist die richtige? Sollte man ein einmal gesetztes Ziel mit aller Kraft verfolgen – komme, was wolle? Oder lohnt sich ein zweiter Blick?

Die Self-Determination Theory (SDT) von Deci und Ryan liefert einen differenzierteren Blick: Wirklich nährend und erfüllend ist Zielverfolgung dann, wenn sie im Einklang mit unseren psychologischen Grundbedürfnissen steht – nach Kompetenz, Autonomie und Verbundenheit. Fehlt dieser innere Gleichklang, wird selbst das ehrgeizigste Vorhaben zur hohlen Hülle.

Auf die Reise, von der in diesem Kapitel die Rede sein wird, begab ich mich – wider besseres Wissen und entgegen meiner langjährig gepflegten Philosophie des Alleinreisens – ausnahmsweise in Gesellschaft. Zwei nahezu gleichaltrige Bekannte hatten auf eigenen Wunsch hin ihre Teilnahme bekundet, und ich – blauäugig wie ein frisch verliebter Rucksacktourist – sagte zu.

Wo körperliche Einschränkungen – nachlassende Ausdauer, Gelenkschmerzen, verminderte Beweglichkeit – innerhalb einer Gruppe spürbar werden und die scheinbare Homogenität zu bröckeln beginnt, gerät selbst das Vertraute ins Wanken. Ein einfacher Ausflug kann dann zur stillen Prüfung für alle Beteiligten werden – unausgesprochen, aber fühlbar.

Der Weg, der einst gerade erschien, wird plötzlich steil und steinig. Was früher mit einem Morgenkaffee und einem beherzten

Schritt zu bewältigen war, verlangt dann Planung, Pausen – und manchmal auch Verzicht.

Ich plante (natürlich minutiös), plante um (öfter als nötig), kalkulierte Bahnstreiks, Wetterumschwünge – und zwischenmenschliche Wetterlagen. Ich war Reiseleitung, Vermittler, Stimmungsbarometer – und innerlich oft einfach nur müde.

Manches erforderte eine Geduld, die ich mir selbst nie zugetraut hätte: Toilettenpausen in der Frequenz eines schlecht getakteten Linienbusses, Fotostopps für Bilder von Orten, die einzig der Dokumentation dienten, und dieser konstante Blick zurück – als wäre ich Wanderführer, Animateur und Friedensrichter in Personalunion.

Unterschiedliches körperliches Leistungsvermögen schrieb also mit – ebenso wie jene liebenswerten Eigenheiten, die unterwegs plötzlich lauter sprechen als sonst und sich offenbar ganz besonders gern im Rampenlicht sehen. Irgendwann fragte ich mich, wann genau ich eigentlich auf die Idee gekommen war, dass das eine gute Idee sei. Wahrscheinlich irgendwo zwischen zwei Espressi und dem Wunsch, diesmal alles anders zu machen. Hat geklappt – nur ganz anders, als gedacht

Erst später fiel mir auf dass eine oft unterschätzte Dimension hinzukam: die mentale Erschöpfung durch ständige Anpassung. In solchen Momenten wird mir klar: Es ist nicht der eiserne Wille, der mich weiterträgt – er ist wie ein starres Ruder in bewegter See. Was mich voranbringt, ist die Fähigkeit zur Kurskorrektur: das feine Gespür für Strömungen, das mutige Loslassen einer Richtung, die nicht mehr passt. Nicht Härte, sondern Beweglichkeit. Vielleicht geht es im Leben nicht darum, jede Stimme gleichzeitig hörbar zu machen, sondern darum, die Melodie zu finden, die wirklich trägt – und den Mut, manche Töne verklingen zu lassen.

Oder – mit Rilkes Worten: *„Und ich lerne es langsam: das Leben. Es fällt mir zu. Und ich lasse es gelten. “*

Doch zurück zur konkreten Realität jener Tage, in der philosophische Einsichten mit Fahrplänen konkurrierten.

Den Streik im Blick

Ich hatte uns mit der Planung dieser Zugreise eine wahre Gewalttour zugemutet. Zwar waren wir über die Streikabsichten der SNCF-Occitanie informiert, doch wussten wir auch: Wer in Frankreich eine Reise quer durch das Hexagon plant, entkommt der Willkür der Streikenden nicht – außer, er verschiebt sie auf unbestimmte Zeit.

Die geplante sechstägige Reise:

1 Luxemburg - Barcelona
2 Barcelona - Latour de Carol - Villefranche-Vernet les Bains,
3 Villefranche-Vernet les Bains - Latour de Carol - Toulouse
4 Toulouse - Bordeaux - Paris Montparnasse
5 Paris Est - Berlin HBF
6 Berlin HBF - Saarbrücken - Luxemburg

Bis Barcelona scheint alles glatt zu laufen. Der Tag kippt langsam ins Dämmerlicht, und die Landschaft zieht in stoischer Ruhe am Fenster vorbei – wie ein stiller Begleiter, der nichts erklärt und doch alles sagt. Der Rhythmus der Räder lullt mich in eine tranceartige Zuversicht, als hätte sich die Welt auf einen gleichmäßigen Puls geeinigt.

Doch dann, bei der Ausfahrt aus Girona, zerreißt ein dumpfer Schlag die Routine: ein Geräusch wie ein Aufprall, tief und hohl – als hätte sich die Welt kurz verschluckt, irritiert von ihrem eigenen Takt.

Mitten in einem Tunnel leitet der Lokführer eine Schnellbremsung ein. Der Zug steht. Draußen Dunkelheit, drinnen Stille, dann hastiges Stimmengewirr. Das Personal rennt durch die

Gänge, angestrengt bemüht, professionell zu wirken – aber ihre Augen verraten, dass auch sie nur raten können. Der Zug steht. Keine Durchsage, keine Information, nur diese seltsame Starre, die sich über die Waggons legt.

Nach einer Viertelstunde kommt schließlich eine erste, fast beiläufig wirkende Nachricht: Der Lokführer habe den Zug verlassen, sei zu Fuß im Tunnel unterwegs – auf der Suche nach einem unbekannten Objekt. Mir schießt ein Gedanke durch den Kopf, unwillkommen und doch unausweichlich: Was, wenn es ein Mensch war? Ein Gleisarbeiter, vielleicht, der zur falschen Zeit am falschen Ort war? Eine Begegnung, schneller als das Begreifen.

Die Stunde, die darauf folgt, dehnt sich wie ein Kaugummi aus Ungewissheit. Niemand sagt etwas, niemand weiß etwas. Der Zug steht – ein Stahlkörper voller Fragen.

Irgendwann setzt er sich wieder in Bewegung. Kein Wort über das, was gefunden oder nicht gefunden wurde. Nur das ratternde Wiederanlaufen der Welt. Wir erreichen Barcelona-Sants mit sechzig Minuten Verspätung gegen halb elf am Abend, aber das ist nebensächlich. Viel gravierender ist das, was mitfährt: das Schweigen über das, was vielleicht passiert ist. Und die Ahnung, dass sich auch Reisen ins Alltägliche manchmal in Schattenzonen verirren.

Die andere Nachricht – jene, dass eine Überquerung der Pyrenäen mit dem Zug streikbedingt nicht möglich sei – erreicht uns bereits während der Fahrt. Sie kommt beiläufig daher, fast so, als handele es sich um eine Randnotiz. Als sei es belanglos, dass eine Grenze plötzlich unpassierbar geworden ist.

Am nächsten Morgen, mit einem Rest Erschöpfung in den Knochen, einigen wir uns in stiller Einigkeit: Zurück nach Cerbère, mit der Rodalies de Catalunya R11, einer lokalen Bahnlinie, die sich gemächlich an 28 Stationen vorbei quält. Zurück auf Anfang – oder zumindest an einen Ort, der wie ein Zwischenraum wirkt.

Dort, jenseits der Grenze, wieder auf französischem Boden, gebe ich das Steuer aus der Hand – und überlasse die Weiterreise einem alten Bekannten: dem Schicksal. Es ist einer dieser Momente, in denen man spürt, wie die Kontrolle bröckelt, aber nicht in Panik, sondern in eine leise Offenheit übergeht. Vielleicht ist es gerade das: Reisen als ein vorsichtiges Einverständnis mit dem Unplanbaren.

Zwischen Nähe und Freiheit

In meinem tiefsten Inneren spüre ich das leise Schwinden jener Gelassenheit, die mich auf früheren Reisen oft begleitete – ein innerer Rückzugsort, der mir als Alleinreisendem stets offenstand. Nun aber sind wir zu dritt unterwegs, drei gestandene Mannsbilder, ein jeder mit reichlich Erfahrung im Gepäck. Und doch, so sehr wir auch individuell geblieben sind, hat sich etwas verschoben: Ich fühle mich verantwortlich. Nicht aus Pflicht, sondern aus einer stillen, nicht ausgesprochenen Fürsorge heraus.

Es ist ein neues Gefühl – oder besser gesagt: eines, das auf meinen bisherigen Wegen keine Rolle spielte. Damals genügte es, dem eigenen Rhythmus zu folgen, sich treiben zu lassen, ganz bei sich zu sein. Jetzt hingegen horche ich in Gesichter, deute Pausen, überlege, ob noch alles stimmig ist.

Dieses Mitdenken – diese ständige Antenne für das Miteinander – lässt sich nicht einfach abschalten.

Es ist kein Ungemach, aber auch kein reines Geschenk. Es ist etwas Drittes. Eine Herausforderung, die mich nicht überfordert, aber doch berührt. Die Reise verändert ihr Gesicht, wenn man nicht mehr allein ist. Und vielleicht ist genau darin ihre eigentliche Tiefe verborgen: in der ständigen Bewegung zwischen Nähe und Freiheit, zwischen Fürsorge und Selbstfürsorge.

Auf Umwegen

Die SNCF zeigt sich in Cerbère großzügig: Schienenersatzverkehr wurde angeboten. Ein Angebot, das zugleich versprach und entschleunigte. ‚Zügig' – ein Begriff, der sich hier allenfalls noch als Wortspiel in Szene setzen durfte.

Der Busfahrer verdient ein eigenes Kapitel – oder zumindest ein stilles Kompliment. Von Cerbère aus steigt die Straße sofort an – als müsse sie sich von der Enge des Grenzortes erst freimachen. Rechts fällt das Gelände steil zum Meer ab, links drängen sich terrassierte Weinberge an die Felsen. Kurve um Kurve schiebt sich der Bus vorsichtig voran, jede Wendung eine kleine Prüfung für Mensch und Maschine.

Die Küstenlinie bleibt lange in Sicht – das Blau des Mittelmeers, das sich unter einem weit gespannten Himmel dehnt, begleitet uns. Mal glänzt es verheißungsvoll, mal verschwindet es hinter einer Kehre, als wolle es sich dem Blick entziehen.

Der Fahrer fährt mit einer Gelassenheit, die beruhigt. Kein Ruck, kein unnötiges Bremsen – nur die rhythmische Bewegung der

Karosserie, die sich den Launen der Straße fügt. Ich stelle mir vor, wie oft er diese Strecke gefahren ist. Wie vertraut ihm jeder Felsvorsprung, jedes Ausweichen gegen den Hang geworden ist. Es ist nicht nur Technik, was ihn auszeichnet – es ist Hingabe.

Kurz vor Banyuls-sur-Mer wird die Strecke ein wenig sanfter, die Landschaft öffnet sich. Weinreben ordnen sich zu geometrischen Feldern, kleine Häuser klammern sich an die Hänge. In Collioure dann, diesem malerischen Ort voller Farben und Geschichte, scheint ein kurzer Atemzug der Kunst in der Luft zu liegen – selbst im Vorbeifahren.

Je näher wir Perpignan kommen, desto breiter wird die Straße, desto städtischer die Kulisse. Das Meer ist nun verschwunden, ersetzt durch Vororte, Kreisverkehre, Gewerbegebiete. Doch etwas von der Langsamkeit der kurvenreichen Fahrt bleibt. Auch wenn der Asphalt hier gerader verläuft – der Körper weiß noch, dass man gerade erst aus einer Landschaft ausgestiegen ist, die mehr mit Gefühl als mit Geschwindigkeit zu tun hatte.

In Perpignan wechseln wir in den Regionalzug, der uns weiter nach Narbonne bringt. Der Übergang ist fast zu glatt, als dass man ihn erwähnen müsste – und doch liegt in seiner Schlichtheit eine Erleichterung.

Vernet-les-Bains, ursprünglich als Ziel gedacht, rückt in den Hintergrund. Stattdessen entscheiden wir uns spontan für eine Unterkunft in Narbonne. Vielleicht, weil der Tag bereits genug Biegungen hatte. Vielleicht, weil das Loslassen mancher Pläne nicht immer ein Verlust ist, sondern eine Form von Leichtigkeit.

Der Streik schien sich am folgenden Tag allmählich aufzulösen. Jedenfalls gelingt es uns in Narbonne, jeweils drei Sitzplätze in einem TGV nach Carcassonne und anschließend in einem Intercity nach Toulouse zu ergattern.

Die Mittagspause nutzen wir für einen Kurzbesuch der Festung Carcassonne. Einer von uns bleibt jedoch zurück – der Aufstieg wäre zu viel für ihn heute. Er will vor den Stadttoren auf uns warten, unter den Pinien, wo der Wind Geschichten erzählt.

Als wir später zu ihm zurückkehren, scheint er sich in Luft aufgelöst zu haben – des Windes Geschichten mochten ihn wohl nicht fesseln und des Wartens überdrüssig hatte er seinerseits einen Spaziergang zur Place Marcou im Herzen der Altstadt gewagt.

Manchmal, so scheint es, löst sich ein Mensch nicht auf – er ändert nur die Richtung.

Beim Schlendern durch die alten Gassen steigen Erinnerungen in mir auf – wie Duftschwaden aus längst vergangenen Tagen. Meine Gefühle schwanken zwischen Freude und Trauer. Damals waren wir zu sechst. Zwei von ihnen sind längst gegangen – sie haben, jeder auf seine Weise, die Richtung gewechselt. Nur nicht zurück.

Zurück ist diesmal des Kollegen Entschluss – und zur Weiterfahrt nach Toulouse sind wir wieder vollständig. Der Zug setzt sich in Bewegung, ruckelt kurz an, als wolle er sich vergewissern, dass alle bereit sind. Ich sitze am Fenster, die Stirn fast daran gelehnt, und sehe die Landschaft vorbeigleiten wie einen Film, den ich schon einmal gesehen habe, nur dass ich damals an anderen Stellen gelacht habe.

Neben mir döst jemand, ein anderer blättert schweigend in einer Zeitung, die längst schon von gestern ist. Es riecht nach Kaffee, und irgendwo im Abteil summt jemand leise eine Melodie, die ich nicht erkenne, die mir aber seltsam vertraut vorkommt.

Ich denke an die beiden, die längst nicht mehr unter uns sind. Wie sie wohl gereist wären? Ob sie Witze gemacht hätten, sich über den Kaffee beschwert – halb im Ernst, halb im Spiel – oder einfach nur aus dem Fenster gestarrt hätten, so wie ich jetzt?

Vielleicht hätten sie geschwiegen, auf diese wortlose Art, die nur Menschen beherrschen, die sich wirklich kennen.

Ich erinnere mich an eine Szene nach dem Mittagessen: Wir hatten gerade bezahlt, da begannen zwei Kollegen – wohl aus Frust über den Preis – die Bewegungen der Bettelnden zu imitieren. Ausgestreckte Hände, gekrümmter Rücken, klagende Stimmen. Ein Spiel, sagten sie. Ich weiß noch, wie das Lachen in mir stecken blieb – irgendwo zwischen zwei Atemzügen. Damals schwieg ich. Heute frage ich mich: Warum?

Vielleicht, weil wir jung waren und der Zynismus wie eine zweite Haut saß – rau, aber bequem. Vielleicht, weil ich dazugehören wollte, lachen statt anecken. Oder weil ich nicht wusste, wie man in solchen Momenten Haltung zeigt, ohne zu belehren. Und vielleicht – das gestehe ich mir erst jetzt ein – war da auch ein kleiner, stummer Anteil in mir, der nicht besser war. Der schwieg, weil es einfacher war, weil das Unbehagen leiser war als das Lachen.

Einer meiner jetzigen Begleiter beugt sich zu mir und sagt: „Du bist still geworden." Ich nicke. „Ich zähle mit", sage ich leise.

„Was denn?"

„Die Wege. Und die Lücken."

Er sagt nichts mehr, und das ist gut so.

Restaurants und dergleichen

Nachdem uns die Überquerung der Pyrenäen und die sehnsuchtsvoll erwartete Reise mit dem legendären Train Jaune der SNCF verwehrt geblieben war, hatten wir es immerhin geschafft, durch ein halb improvisiertes Ausweichmanöver die Streikfront elegant zu umfahren.

Das weitere Programm sollte dann ausschließlich aus dem Besuch „exquisiter" Restaurants bestehen – ein würdiger Abschluss, so der Plan. Dafür nimmt man auch gern zwei ausgedehnte Zugfahrten in Kauf: die eine von Toulouse über Bordeaux nach Paris, die andere von Paris weiter nach Berlin.

Hier erreichte meine Anpassungsfähigkeit ihren Scheitelpunkt. Meine Leser wissen, dass ich selten langfristig plane und meist dort einkehre, wo mich gerade das Gefühl hinträgt – was dann auch mal ein Fastfood-Restaurant in seiner unverklärten, fettgetränkten Ursprünglichkeit sein kann.

In Paris allerdings scheiterte ich an den Gesetzen des urbanen Abendbetriebs. Im traditionsreichen Eisenbahnlokal in der Gare de Lyon war – natürlich – kein Tisch mehr zu bekommen. Ich hatte, wen wundert's, nicht reserviert. Die spontane Alternative, eine französische Brasserie von der Stange, stieß bei meinen Mitreisenden auf wenig Gegenliebe.

In Berlin hingegen war ihnen die Reservierung in einem vertrauten Lokal gelungen. Bei deftiger Kost aus deutschen Landen – was in Berlin auch schon mal eine urbayrische Schweinshaxe sein kann – schlossen wir die Escapade de la Paix mit vollem Bauch und friedlicher Miene ab. Wobei durchaus noch zu klären wäre, wie genau man „exquisite" Restaurants eigentlich definiert.

Am letzten Tag, in Erwartung der Ankunft zu Hause, erlaubten wir uns im ICE nach Saarbrücken die Freiheit, jeweils drei verschiedene Sitzreihen zu belegen. Mir schien, als nähme jeder für sich still Abschied von dieser Reise – oder vielleicht auch von der Illusion, dass sich alles gemeinsam erleben lässt.

Abschluss

Einige Gedanken zur Kapitelüberschrift: Escapade de la Paix.

Genau am 9. Mai, dem Europatag, nutzten wir die erst kürzlich eingeführte direkte ICE-Verbindung von Paris nach Berlin. Ich hatte diesen Titel bereits bei der Planung der Reise gewählt – als ein Symbol für ein Europa, das sich seiner Einigkeit bewusst sein sollte und sie auch leben sollte.

Doch unterwegs offenbarte sich die Fragilität dieses Ideals. Der Streik im Süden Frankreichs machte die sozialen Ungleichheiten innerhalb der EU unübersehbar.

Der Grenzübertritt von Spanien nach Frankreich war streikbedingt erschwert, die Grenzkontrollen im ICE kurz vor Kehl brachten zehn Minuten zusätzlichen Aufenthalt – und erinnerten daran, dass Grenzen, auch wenn sie auf Karten verblassen, im Alltag weiterbestehen.

Traurig stimmte mich das Abendrot hinter dem Brandenburger Tor in Berlin, ein Symbol für Aufhebung der Grenzen. Ausgerechnet in Deutschland scheint der Gedanke eines freien Europas mit der Sonne unterzugehen oder wie die vielen Seifenblasen eines Strassenkünstlers zu platzen.

Und dann fiel mir auf, wie manche Ruheständler noch immer tief verhaftet sind in ihrer früheren Rolle. Als müsse man sich jenseits des Berufslebens weiterhin definieren: als Staatsbeamter, Lehrer, Professor, Journalist, Pfarrer – oder Clown.

Tapfer klammern sie sich an die äußere Form ihrer einstigen Funktion, als würde das bloße Dasein nicht ausreichen, um gesellschaftlich zu bestehen. Vielleicht, weil der Beruf oft ein zentraler Anker im Leben war.

Ausgenommen davon, wie so oft: Politiker. Die führen ihre Rolle nicht weiter – sie sind ihre Rolle. Sie kommen als Politiker zur Welt und verlassen sie im Idealfall auch so. Der Unterschied zum Beruf ist hier rein biologischer Natur: Der Rücktritt erfolgt selten zu Lebzeiten.

Für alle anderen gilt: Wer sein eigenartiges Verhalten mit Berufsprägung entschuldigt, wirkt im Ruhestand wie ein altes Auto, das den TÜV nicht mehr besteht, aber trotzdem noch hupend durch die Straßen tuckert.

Mensch, du solltest Mensch sein – und nicht immerzu Funktion.

Denn wer sich zu sehr mit der eigenen Funktion identifiziert, läuft Gefahr, zur Sorte Dauerkritiker zu werden, die selbst an schön Gemeintem noch etwas auszusetzen weiß.

So wird im Hotelzimmer, in einem kunstvoll und mit Liebe geflochtenen Rag Rug – auf Deutsch: Flickenteppich oder, weniger charmant, Lumpenteppich – plötzlich ein einzelner Stofffetzen als gebrauchtes Kondom identifiziert: ein unverzeihlicher Irrtum, der sowohl die Ästhetik des Teppichs als auch die Stimmung im Raum nachhaltig veränderte. Die Besitzerin geriet darüber keineswegs in Erklärungsnot.

Mir hingegen, völlig unbeteiligt, stieg die Röte der Fremdscham ins Gesicht. Vielleicht sollte man Hirnkondome erfinden – als Prellböcke im mentalen Schienennetz, die entgleiste Gedankenergüsse zuverlässig auf einem Stumpfgleis enden lassen, bevor sie mit voller Wucht in die weite Landschaft der Peinlichkeiten rauschen.

Und irgendwo zwischen Paris und Berlin, zwischen Schweinshaxen und SNCF-Streik, zwischen reservierten Tischen und verlorenen Reserven bleibt die Hoffnung, dass Escapade de la Paix nicht bloß ein Kapitelname war – sondern ein vorsichtig gehauchtes Versprechen.

<u>Der Mensch beginnt dort, wo seine Rolle endet – vielleicht auch der Friede.</u>

Fußnote:

Versöhnlich – ja fast zärtlich – klang am Ende die Bemerkung des ältesten Mitreisenden. Ob als Geste des Dankes oder als späte Ehrenrettung für manche meiner nachträglich zugespitzten Beobachtungen: Am Abend unserer Heimkehr verlieh er mir – in Anlehnung an David Niven im gleichnamigen Film – den Spitznamen „The Brain". Vielleicht war das seine Art, den Dingen eine heitere Wendung zu geben. Oder ein leiser Schlusspunkt unter eine Reise voller ungewollter Zwischenfälle, Komik und Wärme.

Fahrplan? Wenn der Takt nicht greift

Wie oft habe ich in meinen Reiseerzählungen schon beschrieben, was geschieht, wenn das fragile Uhrwerk des modernen Verkehrs aus dem Takt gerät – sei es durch eine technische Panne oder durch jene unsichtbaren Mächte, die plötzlich eingreifen und das engmaschige Netz der Fahrpläne zerreißen.

Bei der Escapade de la Paix, auf dem Teilstück von Toulouse nach Bordeaux, geriet alles ins Rutschen. Doch zunächst war es nicht der Zugverkehr, der aus dem Takt geriet – es war mein Herzschlag. Ein beschleunigter, störrischer Rhythmus, der mich über Stunden begleitete – drei lange Stunden, in denen sich etwas in mir gegen die Ordnung auflehnte.

Ironischerweise wurde eine Woche später auf der gleichen Strecke tatsächlich das Gleisbett bei Tonneins durch sintflutartige Regenfälle unterspült. Ein TGV kam mit 507 Passagieren an Bord abrupt zum Stehen – mitten auf freier Strecke, die Schienen instabil, der Untergrund weggespült.

„Près de Tonneins, un ruisseau a débordé et emporté le ballast sous les rails sur une dizaine de mètres, contraignant un TGV à s'arrêter en pleine voie (…). Il a fallu poser des vérins pour soulever la voie et stabiliser le train, avant de le scinder en deux et le tirer de chaque côté", berichtete Jean-Luc Gary, Regionaldirektor der SNCF Nouvelle-Aquitaine.

Die Parallele ist unheimlich. Auch in mir fehlte plötzlich der tragende Grund. Ich kam ins Schwitzen – mein Herz begann, seinen eigenen Fahrplan zu schreiben.

Blaise Pascal sagt: „Das Herz hat seine Gründe, die der Verstand nicht kennt."

Seit fast drei Jahren melden sich diese Arrhythmien – mal diskret, mal mit aller Deutlichkeit. Es sind supraventrikuläre tachykarde Phasen – eine Dysregulation, die medizinisch betrachtet nicht lebensbedrohlich ist, aber existenziell verunsichert.

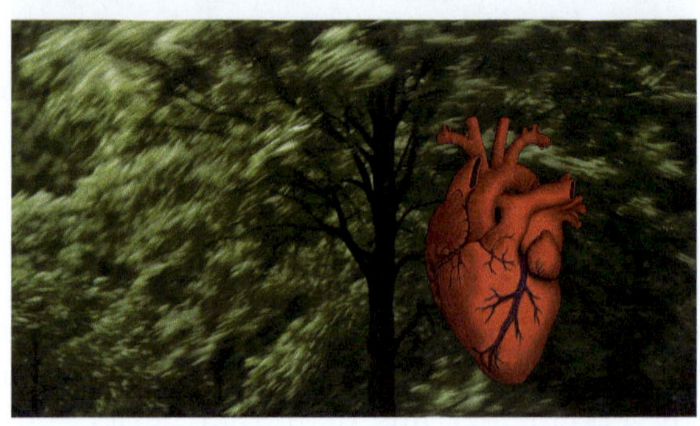

Ich fühle mich jedes Mal wie ein Hochgeschwindigkeitszug, der plötzlich auf ein Streckennetz ohne Fahrplan trifft – keine klaren Halte, instabile Gleise, wechselnde Fahrdienstleiter in weißen Kitteln, die mehr spekulieren als steuern. Was zunächst wie ein Phantom erschien, und keine klare Diagnose zuliess, bekam später doch einen Namen. Aber der überdrehte Rhythmus blieb.

Während draußen das European Train Control System (ETCS) mit digitaler Präzision über Geschwindigkeit, Abstände und Haltepunkte wacht – ein Algorithmus, der Sicherheit, Pünktlichkeit und Transparenz garantiert –, gerät mein Innerstes aus dem Takt: kein geregelter Verkehrsfluss, sondern ein entfesselter Rhythmus ohne Signalstruktur.

Was außen durch Technik zuverlässig reguliert wird, ist in mir ein elektrophysiologischer Ausnahmezustand – eine Störung der

Erregungsleitung im empfindlichsten aller Taktgeber: meinem Herzen. Keine Autonomie, sondern Kontrollverlust im innersten System. Kein Fahrplan, keine Weichenstellung – nur der Versuch, nicht entgleist zu werden vom eigenen Rhythmus.

Und genau dieser Zustand zwang mich in eine Odyssee durch viele Arztpraxen.

Meine Symptome waren eindeutig – und doch entzogen sie sich jeder objektiven Erfassung. Bei jeder Untersuchung, sei es in Ruhe, unter Belastung oder im Langzeit-EKG, blieb das Herz still, als wolle es seine Unregelmäßigkeit verbergen.

Aber das Taktchaos kehrte zurück. Trotz medikamentöser Behandlung, trotz aller Versuche, es einzuhegen. Immer wieder. Ein System, das sich der Kontrolle entzieht – nicht dramatisch genug für Alarm, aber eindringlich genug, um das Vertrauen ins eigene Innere zu erschüttern.

Ich holte eine zweite Meinung ein. Bei einem medikamentösen Belastungstest mit Dobutamin – einer pharmakologischen Stresstestung – wurde der Arzt schließlich fündig, versäumte jedoch, mich über das weitere Vorgehen zu informieren.

Wochen vergingen, in denen ich mich fühlte wie ein Reisender, der am Bahnsteig steht und zusehen muss, wie planlos Züge an ihm vorbeirasen – und die wenigen, die ungeplant halten, verwehren ihm den Einstieg, weil das Ziel nicht stimmt.

Dann kam die nächste Krise.

Ich hoffte, die Symptome würden diesmal nicht gleich wieder verschwinden – nicht schon auf halbem Weg zur Arztpraxis.

Nicht aus Mut, sondern aus Müdigkeit. Ich wollte, dass sie bleiben: sichtbar, messbar, zwingend. Und so rannte ich – beinahe trotzig – zu einem weiteren Kardiologen in meiner Nähe.

Mein EKG zeigte eine bemerkenswerte Beschleunigung – geballte Impulse in gleichmäßigem Hochgeschwindigkeitsrhytmus. Keine Vorwarnung, kein Haltesignal. Eine Fahrt wie ein TGV ohne Lokführer – rasant, aber führungslos.

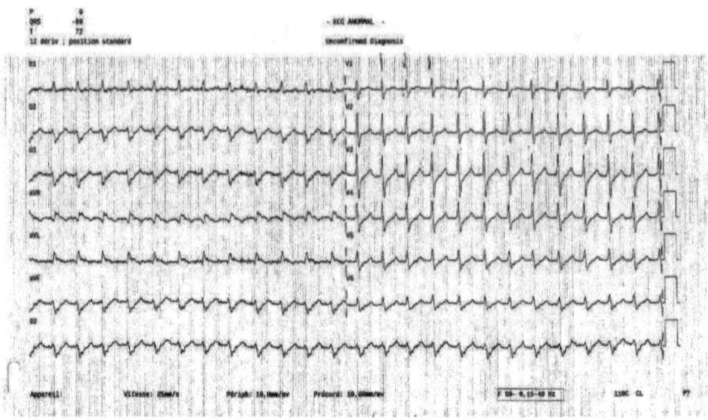

Akuter Handlungsbedarf.

Mit dem Notwagen in die Notaufnahme, von dort die Überweisung – diesmal an eine Rhythmologin.

Und so begann eine langwierige Suche.

Sie riet zu einer Ablation – einem Verfahren, bei dem gezielt jene Gewebeareale im Herzen verödet werden, die den gestörten Takt auslösen. Doch zuvor sollte eine elektrophysiologische Untersuchung (EPU) den genauen Ursprung der Rhythmusstörung lokalisieren.

Diese EPU ist eine Kartierung des Herzens – eine Vermessung des Innersten, um zu erkennen, wo der Takt ins Stolpern gerät. Im Herzen verlaufen die elektrischen Impulse tatsächlich auf festgelegten Leitungsbahnen – ähnlich wie ein Zug, der immer denselben Schienen folgt. Wenn irgendwo auf dieser Strecke eine Weiche falsch gestellt ist, ein Schienenbruch vorliegt oder ein Zug auf der falschen Trasse fährt, entstehen Rhythmusstörungen. Dann kann es geschehen, dass der Impuls zu früh, zu spät oder an der falschen Stelle ankommt – das Herz gerät aus dem Takt.

Mit der Ablation greifen die Ärzte ganz gezielt ein: chirurgische Streckenführung im Mikromaßstab – als wollten sie mein persönliches ETCS neu programmieren.

Bleibt die Verödung nach der EPU aus, öffnet sich ein Raum aus Fragen – und meine Geduld, ohnehin schon auf dünnem Eis, wird erneut auf die Probe gestellt.

In solchen Momenten hilft mir der Kommentar Jean-Luc Garys zur Bergung des verunglückten TGV: „Es ist eine heikle Angelegenheit – nicht jeden Tag teilt man einen TGV hinter dem Triebkopf in zwei Hälften." Man habe zunächst das Gleisbett aufgefüllt, hydraulische Pressen angesetzt, die Strecke angehoben und den Zug stabilisiert – und ihn dann, von beiden Seiten ausgehend, herausgezogen.

Die Vorarbeiten müssen also stimmen, bevor man an die Zerlegung geht.

An einem späten Nachmittag – ironischerweise warte ich gerade an einer Haltestelle auf meinen Anschlussbus – erfahre ich per Telefon den Termin für den Eingriff.

Die Stimme der medizinischen Fachangestellten klingt so lakonisch wie eine Lautsprecherdurchsage bei der Eisenbahn, wenn die Abfahrt des nächsten Zuges angekündigt wird. Kein Anflug von Dringlichkeit, kein Zögern – nur der Ton einer Durchsage, wie man ihn kennt, wenn der Fahrplan längst keine Überraschungen mehr bereithält.

Mittwoch, sieben Uhr.

Sofort schießt mir ein Gedanke durch den Kopf: Woher wissen die, dass ich bei all meinen bisherigen Reisen stets um diese Zeit aufgebrochen bin – in aller Herrgottsfrühe, wenn die Stadt noch schläft und der Tag kaum Gestalt hat?

Ich nicke, obwohl mich niemand sieht. Notiere Zeit und Ort wie ein Fahrgast, der sich den Anschlusszug einprägt – halb erleichtert, halb beunruhigt.

Ein Moment zwischen Ziel und Zweifel: Die Richtung ist vorgegeben, aber wohin sie tatsächlich führt, weiß ich erst, wenn der Zug sich in Bewegung setzt.

Denn auch wenn der Eingriff Routine ist – für mich bleibt er Ausnahmezustand.

Manchmal frage ich mich, ob das eigentliche Erschrecken gar nicht im Symptom liegt, sondern im Bruch des Selbstverständlichen. Kontrolle ist die Religion unserer Zeit. Wir vertrauen auf digitale Systeme, auf Prozesse, auf Planbarkeit. Doch das Leben – wie das Herz – bleibt ein Organ des Unvorhersehbaren.

Ich erinnere mich an diesen plötzlichen Halt im Tunnel – damals, bei der Escapade de la Paix, kurz vor dem Tagesziel. Kein Netz, keine Durchsage. Nur der eigene Herzschlag als Orientierung.

Jetzt, Wochen später, fühlt es sich erneut so an.

Am Mittag, einen Tag vor der Intervention: eine erneute Tachykardie. 171 Schläge pro Minute, aus dem Nichts.

Ich sitze einfach da – und spüre, wie das System rebelliert. In seiner Häufung fast schon ein Drama, obwohl es sich real eher wie ein unangenehmes inneres Flackern anfühlt. Erst nach zwei Stunden und einem stillen Rückzug auf die Toilette klingt der Anfall ab.

Meine Tochter, mit der ihr eigenen Mischung aus Lakonie und Wärme, zitiert am Telefon den alten Spruch: „Wenn's Ascherl brummt, is's Herzerl gsund." Weder philosophisch noch wissenschaftlich – aber passend.

Und tatsächlich: Der Körper, in seiner verschlungenen Weisheit, kennt Wege, die der Verstand erst mühsam googeln muss. Vagusreiz, Parasympathikus, Valsalva-Manöver – medizinische Namen für das, was man früher vielleicht einfach *Loslassen* nannte.

Im nüchternen Vokabular der Medizin liest sich das so: Beim Pressen – etwa beim Stuhlgang – wird der sogenannte vagale Reflex ausgelöst. Der Parasympathikus, jener Gegenspieler des aktivierenden Nervensystems, tritt auf den Plan. Er verlangsamt den Herzschlag, kann Rhythmusstörungen abmildern oder beenden.

Das Ganze nennt sich Valsalva-Manöver – und ist, so seltsam es klingen mag, ein bekanntes therapeutisches Mittel bei bestimmten Tachykardien. Der Körper reagiert auf Druck im Bauchraum mit einem Signal der Beruhigung.

Kurz gesagt: Manchmal genügt ein Toilettengang, damit das Herz sich erinnert, wie es zur Ruhe kommt.

Morgens um sieben ist die Welt noch in Ordnung

Ja, So lautet der Titel einer bekannten Musikkomposition von James Last. Mit dieser Melodie im Kopf und zu allem Überdruss in Dauerschleife traf ich überpünktlich im einzigen Herzzentrum Luxemburgs ein.

Das Wartezimmer empfing mich mit jener typischen Mischung aus bemühtem Trost und sterilisiertem Stillstand: Kunst an den Wänden, die niemand wirklich ansah, und Stühle, auf denen man sich nicht einfach niederließ, sondern sich arrangierte – wie eine Figur in einem Spiel, dessen Regeln niemand erklärt hatte. Ich war früh dran, zu früh vielleicht. Und das Wissen, alles „richtig“ gemacht zu haben – pünktlich, nüchtern, kontrolliert – fühlte sich plötzlich seltsam unbedeutend an.

Ein letzter Blick auf die Uhr, alles schien im Takt.

Dass diese Ordnung bereits um halb acht ins Wanken geriet, zeigen die folgenden Zu- und Zwischenfälle.

Zufall? Ich war der einzige Patient an diesem Tag.

Zwischenfall? Der Beginn der Intervention wurde verschoben – die Ärztin rief an, verkehrsbedingt leicht verspätet.

Zufall? Die Vorbereitungen liefen anschließend wie am Schnürchen.

Zwischenfall? Ich hatte mit dem Ärzteteam vereinbart, den Eingriff auf dem Monitor mitzuverfolgen – doch ein über mir schwebender Flachdetektor verdeckte die Sicht.

Stattdessen starrte ich an die Decke, auf eine zwei Quadratmeter große Leuchttafel, auf der ein blauer Himmel mit vereinzelten Wolken und strahlender Sonne prangte.

Ein künstlicher Himmel – ästhetisch, beruhigend, vollständig belanglos, oder vielleicht ein stiller Hinweis. Ein Versprechen, das niemand ausgesprochen hatte, aber das dort oben leuchtete wie ein gut gemeinter Trost: Es werden wieder schöne Tage kommen.

Vielleicht war das der eigentliche Sinn dieser überdimensionalen Szene an der Decke – nicht mich abzulenken, sondern mich daran zu erinnern, dass über dem technischen Gerüst, unter dem ich lag, noch eine andere Ordnung existiert.

Irgendwo hatte ich einmal gelesen, dass Kliniken die Kathedralen unserer Zeit seien. Und tatsächlich erinnerte mich etwas an die Deckenfresken der Kirchen, die ich auf meinen Reisen durch Rom bestaunt hatte – dort, wo sich der Mensch mit Pinsel und Kalk ein Stück Himmel geschaffen hatte, in der Hoffnung, dass etwas von dort zurückblickt.

Nun lag ich hier, verkabelt, durchleuchtet, kontrolliert – und über mir prangte ein industriell gefertigter Himmel: milde, sauber, hygienisch. Kein Michelangelo, keine Engel, keine Finger Gottes – nur Blau, Weiß, Sonne.

Und doch, für einen Moment, glaubte ich ihm.

Vielleicht glaubte ich eher der Idee dahinter: Dass etwas über mir wacht, selbst wenn ich es nicht benennen kann. Dass Hoffnung selbst dort eine Gestalt findet, wo alles menschengemacht scheint – und Zweifel zugelassen sind.

Der Himmel lachte unbeirrt, auch wenn unter ihm mein Herzschlag gestört war. Ich spürte in diesem Moment keine tiefe Erkenntnis, keinen erleuchtenden Gedanken – nur eine milde Ahnung: dass es manchmal genügt, wenn ein Bild einfach da ist, um inmitten von Kabeln, Kathetern und Flachdetektoren einen leisen Platz für Hoffnung freizuhalten.

Zwischenfall? Während des Eingriffs, der ursprünglich auf gut eine Stunde angesetzt war, spürte ich eine aufkommende Unruhe im Team. Das Prozedere wurde gestoppt – sämtliche Katheter blieben in meinem Körper – und ich lag da, angeschlossen wie ein stillgelegter Schaltkasten.

Die Rhythmologin trat an meine Seite, beugte sich über mich und fragte mit einem kaum merklichen Schmunzeln, ob ich früher „zufälligerweise Elektriker" gewesen sei. Vielleicht wollte sie die Stimmung auflockern, vielleicht war es einfach ihr trockener Humor. Dann erklärte sie, mehrere bildgebende Geräte seien gleichzeitig ausgefallen – man versuche, durch den Austausch diverser Kabel die Störung einzugrenzen.

Und die weiter oben von mir gestellte Frage blitzte wieder auf. Dieses leise Wissen, dass selbst hochpräzise Technik an jenem Punkt endet, an dem sich das Unerklärliche regt. Ein Moment, in dem alle Kompetenz stillsteht – und plötzlich Platz ist für ein Lächeln, eine absurde Frage.

Und ich? Ich lag da, zwischen Kabeln und Konventionen, und dachte: Vielleicht ist es nicht das Herz, das aus dem Takt gerät – vielleicht ist es die Welt drumherum, die auf einmal nicht mehr mitzählt.

Zufall? Nach etwa fünfzehn Minuten Stillstand lief alles wieder – reibungslos, als sei nichts gewesen.

Nach neun Schüssen mitten ins Herz – so nennen es die Spezialisten, wenn sie in gezielter Präzision jene Impulse veröden, die den Takt stören – und zwei Stunden später erklärte die Rhythmologin den Eingriff für beendet.

Der Name der Ärztin klang griechisch. Doch in dieser sterilen Umgebung hatten ihre Schüsse nichts von der Qualität des Eros – jenes uralten Liebesgottes, der nicht nur wie der römische Amor mit Pfeilen schoss, sondern in der griechischen Vorstellung eine ungestüme, schöpferische Kraft war: eine triebhafte Sehnsucht, die das Chaos ordnet und das Leben überhaupt erst entzündet.

Wie bitte? Also doch: selbst im Labor der Kälte regt sich ein Rest von Mythos.

Zu- und Zwischenfall? Beide Reizleitungen in meinem Herzen lagen so dicht beieinander, dass das Risiko eines AV-Blocks 3. Grades zu hoch sei – was zwangsläufig den Einsatz eines Herzschrittmachers bedeute, sagte man mir.

Zwei Wege, dicht gedrängt, fast ohne Puffer – einer langsam, einer schnell. Wie zwei Stimmen in einem Gespräch, das jederzeit kippen kann. Ich nahm das zur Kenntnis, medizinisch korrekt

und nüchtern erklärt. Doch in mir arbeitete der Gedanke weiter:
Zu nah beieinander – war das nicht auch mein inneres Muster?
Nähe und Rückzug, Impuls und Blockade, alles auf kürzester
Strecke.

Vielleicht war mein Herz nicht krank, sondern einfach nur ein
bisschen unübersichtlich gebaut.

Zufall? Und als wäre das noch nicht genug, erfuhr ich an diesem
Tag auch von einer weiteren Eigenheit: eine Hohlvene, die nicht
dort verläuft, wo man sie erwartet. Statt wie gewöhnlich rechts-
seitig zum Herzen zu führen, nimmt sie bei mir – so der Verdacht
– einen Umweg über die linke Seite, vielleicht sogar über den
Koronarsinus, den stillen Hintereingang der müden Herzen.

Ich musste lächeln.

Wer hätte gedacht, dass selbst meine Venen geheimniskräme-
risch sind? Dass mein Kreislauf Wege kennt, die keinem Schema
folgen – und dass man sich meinem Herzen, ganz buchstäblich,
nicht von vorn nähern kann.

Es braucht Umwege. Vielleicht Umleitungen. Vielleicht Menschen, die nicht sofort den Haupteingang suchen – sondern jene,
die sich nicht vom Offensichtlichen blenden lassen, sondern das
Verdeckte mit Geduld aufschließen.

Ich verließ das Herzzentrum mit einem Pflaster über der Ein-
stichstelle und einer Ahnung im Gepäck: dass nicht jeder Umweg ein Irrweg ist. Und dass auch ein künstlicher Himmel
manchmal genügt, um einen echten Moment der Hoffnung aus-
zuleuchten.

Die Welt war an diesem Morgen um 11:30 Uhr nur bedingt in
Ordnung.

Aber sie war im Werden.

Zwischen zwei Blicken

Wenn ich diesem Buch einen letzten Ort zuweisen müsste, wäre es kein Zielbahnhof. Eher ein kleiner Zwischenhalt, irgendwo zwischen zwei Anschlüssen – ein Ort, an dem man nicht weiß, ob man gerade angekommen ist oder gleich wieder aufbrechen wird.

Vielleicht ist es genau dort, wo Begegnung geschieht: im Moment des Übergangs, zwischen zwei Gesprächen, zwei Blicken, zwei Gedanken.

Denn letztlich war jede dieser Reisen – ob nach Lappland, ins Herz einer italienischen Stadt oder tief ins eigene Innen – ein Raum des Dazwischen. Keine Flucht, kein Triumph. Sondern ein Innehalten, ein Sich-Zeigen. Und eine stille Bereitschaft, etwas oder jemandem zu begegnen.

Nicht jeder Anschluss führt pünktlich zum nächsten. Manchmal verpassen wir ihn, manchmal schenkt uns die Verspätung Zeit. Für ein Lächeln. Für einen Gedanken. Für ein Gespräch, das sonst nie stattgefunden hätte. Und vielleicht ist es genau dieser verlorene Anschluss, der uns am tiefsten verbindet – mit einem anderen, oder mit uns selbst.

In manchen Momenten hat mich das Leben unvermittelt angesprochen – im Flackern eines Neonlichts, im Knarren einer Zugtür, im Blick einer Pflegerin, die nicht eilte. Und ich habe gelernt, dass man nur dann wirklich begegnet, wenn man auch bereit ist, auf den Anschluss zu verzichten – zugunsten eines Moments, der bleiben darf.

Dieses Buch endet nicht mit einer Antwort. Es endet mit einer Einladung – zum Weiterhören, zum Weiterschauen, zum Weitergehen. Vielleicht wird dein Weg ganz anders aussehen. Vielleicht kürzer, vielleicht weiter. Aber wenn irgendwo zwischen zwei Anschlüssen jemand neben dir sitzt und eure Blicke sich für einen Moment begegnen, dann ist alles gesagt.

So mögen auch diese Streiflichter der Begegnung weiterleuchten – nicht als abgeschlossenes Kapitel, sondern als feine Linie in einem größeren Weg.

Und wer weiß: Vielleicht beginnt die eigentliche Reise ja genau dort, wo das Buch endet – in dir.

Widmung

Für meine Kinder und Enkelkinder – damit ihr spürt, dass es beim Reisen wie im Leben nicht um das Ziel geht, sondern um die Art, wie wir einander begegnen.

Mit Liebe,

Carlo

Unterwegs bleiben

Irgendwann werden die Zugreisen seltener. Nicht, weil das Fernweh verstummt – es flüstert nur leiser –, sondern weil der Körper andere Rhythmen wählt. Weniger Aufbruch, mehr Ankommen. Weniger Weite, mehr Tiefe.

Vielleicht beginnt eine neue Art des Reisens. Eine stille Bewegung nach innen – durch Erinnerungen, durch Worte, durch den Blick aus dem Fenster, der nicht mehr drängt. Das Notizbuch wird zum Weggefährten, der Alltag zum Gelände. Ein Gespräch. Ein Gedanke, der verweilt. Auch das sind Reisen – leise, reich und bedeutsam –, wie ich sie in manchen Kapiteln dieses Buches bereits sachte anklingen ließ. Die Frage „Wohin?“ verliert an Bedeutung. Wichtiger wird: Wie gehe ich? Und: Was nehme ich mit?

Ich werde wohl keine vierzehnstündigen Tagesreisen mehr unternehmen, keine Nächte mehr in wechselnden Hotels verbringen. Doch ich kann noch immer in Sätzen wandern. Kann Geschichten betrachten wie Landschaften – langsam, mit weitem Blick, und mit jenem Staunen, das in der Stille geboren wird.

Es wird kein Abschied vom Unterwegssein, sondern ein Hinübergleiten in eine Zeit, in der das Gehen eine andere Gestalt annimmt. Vielleicht ist es das, was das Alter schenkt: eine neue Form von Weite – nicht mehr in Kilometern gemessen, sondern in Nähe.

Was ich unterwegs gelernt habe: Menschen tragen nicht ihr Alter vor sich her, sondern ihre Offenheit. Manche Junge wirken müde. Und manchmal blitzt in alten Augen noch Neugier. Ich habe kein Alter gespürt – nur Gegenwart.

Die vielen Begegnungen auf Reisen – in Zügen, an Tischen, in Blicken – sie haben mir Vertrauen geschenkt. Ein Vertrauen ins Leben, das sich zeigt, wenn man nicht zu viel will. Wenn man sich berühren lässt, ohne benannt werden zu müssen.

Jetzt, wo der Körper öfter innehält, meldet sich eine leise Sorge. Nicht vor dem Alter selbst – sondern vor dem Bild, das man uns davon zeichnet: Einschränkung. Schwäche. Vergänglichkeit.

Ich möchte nicht Teil einer Welt werden, die das Leben von hinten erzählt.

Ich wehre mich. Still, aber entschieden.

Ich will keine Teilnahme am Chor der Klagen – sondern am Fenster sitzen und über einen Satz nachdenken, den ich noch nicht geschrieben habe. Vielleicht wandere ich künftig weniger durch Städte, aber mehr durch Erinnerungen. Vielleicht treffe ich keine Schaffner mehr, die Verspätungen verkünden – aber Gedanken, die pünktlich eintreffen.

Das Reisen wird stiller. Aber es hört nicht auf. Die Karten wandern nach innen. Die Wege werden schmaler – doch auch dichter. Und was ich nicht mehr sehe, kann ich vielleicht tiefer verstehen.

Alter ist kein Zielbahnhof. Es ist ein Aussichtspunkt. Wer innehält, sieht weiter – aber nur, wenn er den Blick hebt. Ich bleibe ein Reisender. Nur auf anderen Wegen. Nicht mit Koffern, sondern mit Worten. Nicht mit Reservierungen, sondern mit offenem Herzen.

Und vielleicht – mit etwas Glück – setzt sich jemand zu mir und sagt: „Ich habe Ihren Text gelesen. Ich sehe, dass Sie noch unterwegs sind."

Dann werde ich lächeln. Und nicken.

Denn genau darum geht es.

Unterwegs bleiben.